트라우마
사회심리학

ADVERSE
CHILDHOOD
EXPERIENCE
SURVIVOR

미타니 하루요 지음
명다인 옮김

트라우마 사회심리학

아동기 부정적 경험, ACE 생존자와 회복탄력성

또다른우주

들어가며

A가 최초로 기억하는 것은 '숨이 막혀오는' 감각이다. 바닷속에서 발버둥 치지만 숨이 쉬어지지 않는 것 같은 이 느낌을 A는 '분명 엄마 뱃속인데, 학대당했을 때의 기억 아닐까?'라고 생각했다.

몸이 공중으로 들렸다가 바닥으로 내동댕이쳐질 때의 붕 떠오르는 느낌과 충격, 화장실 바닥을 닦은 걸레로 얼굴이 닦일 때의 역겨움, 언제 주먹이 날아오고 걷어차일지 몰라 이불을 뒤집어쓰고 웅크리고 있을 때의 공포감……. 철들기 전의 기억이 여전히 A를 괴롭힌다.

A는 어린 시절 부모로부터 매일 폭력과 폭언을 당했고 형제에게도 무시당했다. 눈 밑은 거무스름하게 그늘져 있

었고 몰골이 앙상했지만, 어머니는 A에 대해 "어떻게 되든 내 알 바 아니"라고 말하고 다녔다고 한다.

고등학교 중퇴 후 취직하고 나서도 A는 주의력이 산만하고 건강도 나빠 어딜 가도 '쓸모없는 인간' 취급을 받았다. 결혼했지만 남편의 경제적 문제로 이혼하고, 하나 있는 딸을 키우는 일도 순탄치 않았다. 60대가 된 지금은 혼자 살면서 정신과에 다니고 있다.

A처럼 어린 시절에 받은 마음의 상처로 평생 괴롭게 사는 사람들이 있다. 심리학에서 Adverse Childhood Experiences(ACE)라는 용어는 '아동기 부정적 경험'이나 '유해한 아동기 경험' 등으로 번역된다. ACE는 0세부터 18세 사이에 트라우마가 되는 사건을 경험하는 것을 뜻한다. 학대, 방임, 가족의 정신 질환이나 의존증, 친족 간의 폭력 등에 노출된 경험이다.

1990년대 미국에서 시작된 ACE 연구를 통해 과거에 ACE를 많이 경험할수록 노년에 심장병, 당뇨병, 약물 남용, 자살 충동, 실업, 빈곤 등으로 힘들어질 가능성이 크다는 것이 밝혀졌다. 어린 시절 부정적 경험에 많이 노출된 사람은 평생에 걸쳐 몸과 마음이 상하고, 사회경제적으로 어려운 처지에 놓이기 쉽다.

학대나 방임, 다양한 가족 문제는 자극적으로 묘사되는 경우가 많다. 극단적인 사례들이 사회적으로 큰 화제가 되기도 한다. 그러나 이 책에서는 흥미 위주의 접근 방식이나 주관적인 관점을 배제하고, 철저하게 ACE 연구의 학술적 성과에 기반해 ACE가 인생에 미치는 장기적 악영향의 실태를 실증적인 자료를 통해 알기 쉽게 설명하고자 한다.

ACE 연구는 최근에 이루어져 자료 대부분이 영어 논문으로 되어 있고 거의 번역이 안 되어 있으므로 일반인들에게는 잘 알려지지 않았다. 이에 ACE 연구 성과를 일반에 널리 알리고자 이 책을 집필하게 되었다. 이 책이 우리 사회가 해야 할 일을 논의하는 데 기초 지식으로 활용되었으면 한다.

이 책에서는 역학, 정신의학, 신경과학, 심리학, 사회복지 등 여러 분야를 넘나드는 다양한 ACE 연구를 통해 입증된 주요 지식을 소개한다. 또한 교토대학교에서 전국적으로 2만 명에게 실시한 설문조사를 바탕으로 일본 사회의 ACE 생존자 현황을 상세하게 다루는 한편, ACE 생존자와의 인터뷰, 국내외 대처 방안 사례 등을 통해 'ACE 생존자도 잘살 수 있는 사회'로 나아가기 위한 구체적인 처방전을 제시한다.

이 책을 손에 든 독자 중에도 어린 시절이 고통스러웠던 사람이 있을 것이다. 자신이 그렇지 않더라도 이런 과거가 있는 가족, 연인, 친구, 동료가 주변에 있을 것이다. 그들이 말해주지 않아 모를 수도 있겠지만. 매일 아이들과 만나는 독자도 있을 것이다. ACE 생존자가 계속해서 궁지에 몰리는 실태와 원인을 이해하고, 함께 평화로운 미래로 나아가는 길을 모색하는 독자 여러분에게 이 책이 도움이 되길 진심으로 소망한다.

CONTENTS

일러두기

1. 「들어가며」 시작 부분은 A와의 인터뷰를 바탕으로 허락을 받고 게재했다.

2. 본문에 제시된 수치의 백분율은 가독성을 위해 소수점 이하를 반올림했다.

1

ACE 연구와 현대 가족의 문제

아동기 부정적 경험

우리는 이 세상에 태어난 순간부터 많든 적든 여러 괴로운 일을 경험한다. 그리고 결국 그 고통을 견뎌내고 상처가 아물면서 어른이 된다. 그런 아픔을 통해 인생의 난관을 헤쳐나가는 강인함과 타인을 향한 배려가 몸에 배기도 한다.

하지만 어린 시절 예측할 수 없는 위기나 견디기 힘든 상황에 반복적으로 노출되어 심한 상처를 입은 경우, 몸과 마음이 많이 상해 회복이 어렵다. 일상생활을 영위하는 것도 어려워지고 전 생애에 걸쳐 고통이 지속되기도 한다. ACE 연구가 우리에게 알려준 사실이다.

앞서, ACE란 Adverse Childhood Experiences의 약자로, '아동기 부정적 경험'을 뜻한다고 설명했다. 구체적으로 이런 경험에는 어떤 것들이 있을까?

ACE 설문조사[1]

18세 이전에 다음과 같은 경험이 있습니까?

1. 부모 또는 함께 사는 성인이 때렸다. → 신체적 학대

2. 부모 또는 함께 사는 성인이 욕설을 하거나 모욕감을 주었다.
→ 정서적 학대

3. 다섯 살 이상 연상인 사람 또는 성인이 성적으로 만지거나 성행위를 강요했다. → 성적 학대

4. 식사와 옷을 충분히 제공하거나 병원에 데려가는 성인이 없었다.
→ 신체적 방임

5. 안심시켜주고 보호해주는 성인이 없었다. → 정서적 방임

6. 부모가 별거하거나 이혼했다. → 부모와의 이별

7. 부모 또는 함께 사는 성인이 상대방을 때리거나 몸싸움을 했다.
→ 근친자 간 폭력

8. 알코올 문제가 있거나 약물을 남용하는 사람과 동거했다.
→ 가족의 알코올·약물 남용

9. 우울증이나 정신 질환, 자살 충동이 있는 사람과 함께 살았다.
→ 가족의 정신 질환·자살

10. 수감 중이거나 징역을 선고받은 사람과 함께 살았다. → 가족의 수감

위의 질문에 '그렇다'고 답한 개수를 합하면 ACE 점수(0~10)다.

이 ACE 설문조사는 미국의 BRFSS(Behavioral Risk Factor Surveillance System, 행동위험요인 평가시스템)의 ACE 모듈로 채택된 질문 항목으로 표현은 의역했다. BRFSS에 관해서는 7장에서 더 상세하게 다룬다.

1990년대 미국에서 시작한 ACE 연구는 ACE 점수와 성인이 된 후 발생하는 심신의 질환, 문제행동 사이에 명백한 연관성이 있음을 증명했다. 최근 연구에서는 심신에 미치는 직접적인 악영향뿐 아니라, 실업이나 빈곤 상태에 쉽게 빠지고 사회적으로 고립되거나 다른 사람들보다 육아를 훨씬 더 힘들어하는 등 ACE의 장기적인 영향도 밝혀졌다. 그러므로 ACE는 한 시기에 국한되지 않고 인생 전반에 광범위한 악영향을 미칠 수 있는 중대한 위험 요인이라고 할 수 있다.

오늘날 ACE 연구는 세계적으로 확산하는 추세다. 2022년 10월 기준, 세계 각국의 학술 논문이 등록된 데이터베이스(Web of Science)에 'Adverse Childhood Experiences'라고 검색하면 논문이 2,500건 이상 나온다. 질병을 연구하는 역학에서 출발한 ACE 연구는 정신의학, 신경과학, 유전학, 심리학, 간호학, 사회복지 분야로 확산했다. 각 연구 분야에서는 ACE의 영향력과 메커니즘, 임상 현장에서의 대응책 등을 다각적인 측면에서 탐구하고 있다.

세계적으로 ACE 연구가 활발한 데 반해 안타깝게도 국내에서는 일부 연구자와 의료 관계자들만이 ACE의 개념과 연구 성과를 논의하고 있을 뿐, ACE 실태와 그 영향이 일반에 많이 알려지지 않았다.

우리가 ACE에 무지해도 괜찮을까? 우리 사회는 아이들이 안심하고 행복하게 살 수 있는 사회라고 할 수 있을까?

아동학대와 가정폭력의 현주소

끔찍한 아동학대·방임 사건이 언론에 보도될 때마다 마음이 무거워지는 사람들이 많을 것이다. 부모의 폭력, 알코올이나 도박 의존증, 우울증 등으로 힘든 어린 시절을 보내는 아이들을 주변에서 본 사람들도 있을 것이다.

현대사회의 아이들이 실제로 어떤 상황에 놓여있는지 여러 통계 데이터로 확인해 보자.

아동 상담소 아동학대 상담 건수 추이

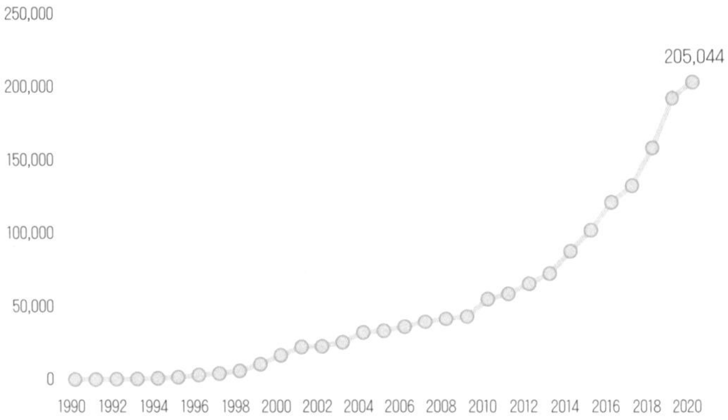

(후생노동성「아동학대 방지 대책」(2022) 자료를 바탕으로 작성)

잘 알려져 있듯, 방임을 포함한 아동학대 상담 건수는 점점 증가하는 추세다. 후생노동성에 따르면, 2020년도 전국 220개 아동 상담소에서 상담하고 지도, 조치한 건수는 역대 최고치인 20만 5,044건이었다.[2] 이 수치는 통계를 내기 시작한 1990년 이후 30년 연속 증가했고 최근 들어 더욱 가파르게 증가했다.

물론 이 증가 추세의 배경에는 세월이 흐르면서 아동 상담소 학대 대응 전화번호인 '189'가 대중에 널리 알려졌다는 점, TV, 신문, 인터넷, SNS 등에서 아동학대 사건을 점점 더 많이 조명하면서 시민들의 문제의식이 높아졌다는 점이 있을 것이다. 따라서 이 수치만으로 아동학대 자체가 과거보다 많이 늘어났다고 단정할 수는 없다.

다만 여기서 주목해야 할 점은 절대적인 수치다. 학대 상담 건수가 20만 5,044건이라는 것은 아동 상담소 한 곳에서 대응하는 아동학대 사례가 연평균 약 932건이라는 뜻이다. 현장이 얼마나 긴박하게 돌아가고 있는지 알 수 있는 대목이다.

가정에서 일어나는 폭력 상황을 다른 자료로도 확인해 보자. 가정폭력 관련 신고 건수도 증가하고 있다. 가정폭력(Domestic violence)은 친밀한 관계에 있는 사람, 또는 과거에 친밀한 관계였던 사람이 휘두르는 폭력을 말한다.

내각부 남녀공동참가국에 따르면, 2020년도 전국 296개 배우자폭력 상담지원센터와 '가정폭력 상담 플러스(2020년 4월 도입된 가정폭력 상담 시스템)' 등에 접수된 상담 건수의 합계도 역대 최대치인 18만 2,188건이었다.

코로나19 팬데믹 시기에 신설된 가정폭력 상담 창구에 접수된 상담 건수 5만 2,697건이 더해지면서 2020년 총 상담 건수가 폭증했다. 이제는 전화, 문자, 채팅 등 피

배우자폭력 상담지원센터의 상담 건수 추이

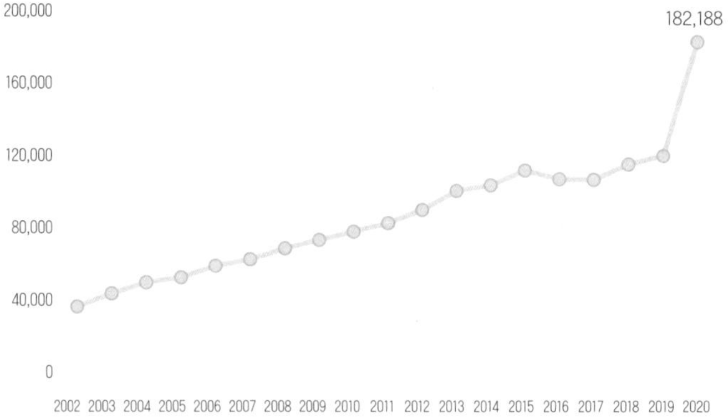

(내각부 남녀공동참가국
「배우자폭력 상담지원센터 상담 건수 등」(2022) 자료를 바탕으로 작성)

해자가 접근하기 쉬운 방식으로 직접 도움을 청할 수 있게 되었다. 이제야 피해 사실이 수면 위로 떠오르고 전문기관에서 대응하게 되었으니 오히려 긍정적으로 받아들여야 할 상황일지도 모른다. 그렇지만, 연간 약 18만 건이나 되는 폭력에 고통받는 사람들이 있다는 사실은 부정할 수 없다.

같은 자료에 따르면, 2020년 배우자폭력 상담지원센터에서 분석한 사례 80,579건 중 97%는 피해자가 여성이었다. 피해 상담자 중 18세 미만의 자녀와 같이 사는 사람은

49%(3만 9,393명)로 가정폭력 피해자의 절반 가까이가 미성년 자녀와 함께 산다는 사실이 드러났다. 게다가 자녀가 있는 피해자 사례 중 66%(2만 5,818건)는 자녀가 가정폭력을 목격하는 형태로 학대당하면서 동시에 부모로부터 직접적인 학대도 당한다는 사실이 확인되었다. 부모가 맞는 모습을 매일 보는 아이들, 자신도 그 폭력의 대상이 되는 아이들이 많음을 알 수 있다.

이는 현실의 단면에 불과하다. 조금만 통계를 살펴보아도 우리 사회가 아이들이 안심하고 행복하게 살 수 있는 사회라고 말할 수 없는 현실을 확인하게 된다.

갈등의 온상, 가족

대부분의 사람들에게 가족은 가장 소중한 존재이며 가족과 보내는 평안한 일상이야말로 인생에서 우선순위가 높은 가치일지도 모른다.

반면 가족 그 자체가 갈등과 폭력을 유발하는 조직체라고 보는 관점도 있다. 미국의 사회학자 리처드 젤스

(Richard Gelles)는 이와 관련해 가족의 구조적 특성을 지적했다.[4] 첫째, 남들과 보내는 시간보다 가족과 교류하는 시간이 많고 활동이 광범위하다. 둘째, 가족 간 상호작용이 많고 본질적인 대립 구조가 있다. 셋째, 가족이라는 이유만으로 다른 가족 구성원에게 가치, 태도, 행동에 영향력을 행사하는 암묵적 권리가 생긴다. 넷째, 성별이 다르고 나이가 다양한 사람들이 섞여 있다. 다섯째, 가족 구성원은 역할과 책임을 분담한다. 여섯째, 현대 가족은 사적 제도이며 사회적 통제 수준이 낮다. 일곱째, 자녀는 자신의 의지로 가족 구성원이 된 것이 아니다. 여덟째, 출산·고령화·실업 등의 변화를 겪으며 스트레스를 받는다.

다양한 사람들이 함께 살면서 관계는 평등하지 않기에 가족 사이에는 본질적으로 갈등이 일어나기 쉽다고 할 수 있다. 폭력이나 방임이 있어도 외부 사회와 단절되어 있어 피해를 파악하기 어렵다는 측면도 있다. 이런 피해는 약자의 위치에 있는 여성, 고령자 그리고 아이들에게 일어나기 쉽다.

게다가 현대의 가족은 점점 폐쇄적 집단이 되어가고 있다.

근대화 이전의 전근대 사회에서는 가족이 외부 사회에 개방되어 있었다. 육아는 부모만의 몫이 아니었으며, 모든 친족과 지역 사회가 함께 아이를 보호하고 성장에 관여했다.[5] 아이들은 농촌, 어촌 등 거주지와 일터가 한 공간에 있는 생활환경에서 많은 어른들의 관심을 받으며 자라났으므로 가족과 외부 사회의 경계는 모호했다.

그러다 제2차 세계대전 이후, 근대화의 흐름에 따라 남성은 일, 여성은 가정이라는 성별 분업이 뚜렷해졌다. '주부'가 두세 명의 자녀를 양육하며 집안일을 전담하는 '근대 가족'이 일반적인 가족 형태가 되었다.[6] 이후 여성이 사회에 진출하게 되었지만, 육아와 집안일을 남성보다 더 많이 맡는 상황은 크게 달라지지 않았다.

1980년대에는 남편의 비협조적 태도와 엄마의 좁은 사회적 네트워크를 배경으로, 엄마들이 육아에 막연한 두려움을 느끼는 '육아 불안' 현상이 지적되었다.[7] 핵가족과 외부 사회의 경계가 뚜렷해져 가족은 마치 캡슐처럼 고립된 집단이 되었다.

일본에서는 1990년대 이후 경제 불황이 장기화하고 비정규 고용이 대폭 늘어나는 등 경제적으로 어려운 처지에 놓이는 가정이 많아졌다. 또 어린이집과 보육교사 부족에 따른 입소 대기 장기화 등 육아 지원 체제의 미흡함도 지적받았다. 이런 사회적 배경에서 아이를 낳고 키우는 어려움이 점차 사회적 문제로 인식되기 시작했다.

그런 와중에 코로나19 위기가 시작되었다. 2020년 이후 코로나19 팬데믹으로 생활에 여러 제약이 생겼고 많은 희생이 따랐다. 특히 아이가 있는 가정에서는 휴교 및 휴원, 집안일 부담 증가, 외출 제한을 경험하면서 가족 구성원 전체가 큰 스트레스를 받았다. 소비가 위축되면서 일자리를 잃거나 수입이 크게 줄어든 사람들도 많았다. 가족이 안고 있는 문제가 점점 더 보이지 않는 사각지대에 은폐되는 구조 속에서 학대와 방임, 가정폭력의 증가를 우려하는 목소리가 높아졌다.

이제는 아동기 부정적 경험, ACE의 현실을 더 이상 외면해서는 안 된다. 세상에 태어나면서부터 함께 살아온 가족 사이에서 부정적 경험이 누적된 아이가 어떤 인생을 살지, 또 그 부정적 경험은 어떻게 극복해 나갈 수 있을지, 사회는 무엇을 할 수 있는지 진지하게 고민해봐야 할 때다.

사각지대의 현실과 마주하기

이 책은 ACE가 이후의 인생에 어떤 영향을 미치는가에 초점을 맞춘다. 어린 시절 큰 상처를 받은 'ACE 생존자'의 심신에 어떤 변화가 일어나는지, 그 경험이 향후 사회적·경제적 상황과 인간관계에 어떤 영향을 미치는지 실증적 자료로 살펴본다. 나아가 'ACE 생존자도 살기 좋은 사회'를 만들기 위해, 'ACE를 예방할 수 있는 사회'를 만들기 위해 앞으로 우리가 무엇을 해야 하는지 고찰하고자 한다.

ACE 생존자 중에는 자신을 '성인 아이(adult children)'나 '독이 되는 부모에게 양육된 생존자'라고 표현하고 어린 시절에 받은 상처와 마주하는 사람들이 있다.

'성인 아이'는 원래 알코올 의존증 부모에게서 나고 자란 성인을 가리킨다. 1990년대 이 말이 일반화되면서 성인 아이를 뜻하는 대상의 범위는 기능 부전 가족에서 자란 사람으로까지 확대되었다.[8] 그런데 임상심리사 노부타 사요코(信田さよ子)의 지적대로 '기능 부전 가족'이라는 말은 완전하게 기능하는 가족이 어딘가에 존재한다고

가정하는 표현이다. 따라서 이 책에서는 '가족의 기능 부전'이라는 표현은 쓰지만, '기능 부전 가족'이라는 표현은 쓰지 않는다. 한편 요즘 흔히 듣는 '독이 되는 부모(Toxic Parents)'라는 표현은 심리치료사 수전 포워드의 신조어로 '아이의 인생을 지배하고 아이에게 해악을 끼치는 부모'라는 뜻이다.[9] 이때 부모에게 지배받았는지 아닌지를 판단하는 주체는 아이 자신이다.

ACE는 '성인 아이' '독이 되는 부모'와 밀접한 개념이다. 그러나 분명한 차이가 있다. 바로 ACE는 당사자가 스스로 '피해자'라고 인식하는지 여부와 상관없는 객관적인 개념이라는 점이다. 당사자의 판단이 아닌, 그 사람이 겪은 과거의 사실들로 ACE가 있었는지, 그 사람이 ACE 생존자인지 판단한다. ACE는 아이가 극심한 스트레스 환경에서 성장하는 것 자체를 문제로 인식하고, 그런 상황과 장기적인 영향을 객관적으로 파악하기 위한 개념이라고 할 수 있다.

이처럼 ACE는 아이가 어떤 '환경'에서 자랐는가에 초점을 두는 개념이라는 점도 중요하다. 이런 문제를 '아동학대와 그 트라우마'처럼 '행위와 결과'로 받아들여 행위자/피행위자=가해자/피해자로 분리하는 것이 아니라, 생활환경에 주목한다는 점에서 ACE 연구의 독자성과 가치가 있다고 정신과 의사 다키카와 가즈히로(滝川一廣)는 강조한다.[10]

이 관점을 통해 양육자를 포함한 가족 전체가 처한 상황에 대해 사회가 무엇을 할 수 있을지 고민할 수 있는 계기가 생긴다.

ACE 연구의 출발점을 돌아본다면, 의사나 공중보건 전문가가 이 주제에 대해 집필하는 것이 더 어울릴 것이다. 그러나 나는 사회적 관점에서 이 문제를 조명하고자 했다. ACE에 관한 대규모 자료를 조사하고 연구할수록 ACE 생존자가 극심한 사회적 불이익에 맞닥뜨린다는 사실에 경악하게 된다. 우연히 가족이 된 사람들의 생활환경 격차가 전 생애에 걸쳐 다면적인 격차로 이어진다. 나는 이 주제를 연구하면서 이것은 '사회문제'라는 확신이 점점 더 강해졌다.

이런 현실을 전달하는 데 그치지 않고 ACE 생존자가 잘살 수 있는 사회를 만들고 ACE 발생을 초기에 예방하기 위해 지금의 '사회구조'를 개선해야 한다는 목소리를 높여야 한다고 느꼈다.

단지 연구자로서만이 아니라 아이를 키우는 엄마로서, 더 많은 사람이 ACE 문제의 현황을 이해하기를 바란다. 지금 나는 미취학아동 세 명을 키우느라 여념이 없다. 생활의 여유가 사라지고, '내가 나를 잃게 되는 순간'을 수도 없이 경험하고, 손이 올라가거나 모른 척 내버려 두려고 했던 적이 한두 번이 아니다(솔직히 말하면 꽤 많다). 그래도 그럴 때마다 ACE가 아이의 일생에 미치는 엄청난 해악이 머릿속에 떠올라 간신히 억누를 수 있었다.

오늘날의 사회에서 아이를 키우는 것은 무척 힘들다. 주변의 도움을 충분히 받을 수 없는 부모라면 더욱 힘들다. 완벽한 부모란 없다. 완벽한 가족도 이 세상에 없다. 정도의 차이는 있겠지만 부적절한 양육(maltreatment)을 하는 부모도 많을 것이다. 모든 부모와 가족이 나름대로 어려움을 겪지만, 그렇더라도 아이에게 상처를 남기지 않도록 다 함께 최선을 다해 키우자고 서로 응원하기 위해 이 책을 쓰게 되었다.

한편, ACE 문제를 다루는 데 있어 몇 가지 주의사항이 있다.

첫째, ACE는 차별의 도구가 아니다. ACE 개념을 통해 지금까지 관심이 부족했던 사회적 지원 대상자를 수면 위로 끌어올리고 싶다. 이 개념을 나와는 다른 타인에게 붙이는 꼬리표로 이용해서는 안 된다.

둘째, ACE 연구의 목적은 나쁜 부모를 비난하는 데 있지 않다. 수많은 부정적 경험이 몇 세대에 걸쳐 대물림되는 경우가 있다. 부모도, 또 그 부모도 ACE 피해자일지도 모른다. 명백한 고통이 존재하지만, 그 고통의 근원이 된 사람을 분명하게 지목하기는 어렵다.

셋째, ACE는 성인기의 삶이 힘들어지는 원인 중 하나에 불과하다. 몸과 마음의 질환도, 사회경제적 어려움도, 인간관계 문제도 유전적 요인, 출신 가정의 사회경제적 요인, 청년기 이후의 환경 요인 등 여러 요인이 뒤얽혀 있다. ACE는 그런 문제들의 유일한 요인은 아니지만 중요한 요인으로서 살펴볼 가치가 있다.

넷째, 앞서 열 가지 항목으로 ACE 점수를 산출했다. 하지만, 아동기의 부정적 경험은 그 열 가지가 전부는 아니다. 이 열 가지는 ACE 연구 초창기부터 사용되고 있는 전형적인 항목이다. 이후 빈곤 또는 범죄가 만연한 지역에서 자랐거나, 전쟁이나 큰 재난에 휘말렸거나, 학교에서 괴롭힘을 당한 경험 등을 ACE로 분석한 연구들이 진행되었다. 이 책에서는 이러한 다양한 논의보다는 ACE 연구의 기본 흐름인 가족 문제에 집중했다.

이 책에서 소개하는 내용은 방대한 연구 성과 중 일부에 지나지 않는다. 그러나 내 능력과 시간의 한계 내에서 ACE에 관한 수백 편의 연구 논문을 두루 살피며 전체적인 그림을 전달하기 위해 온 힘을 기울였다. 그에 더해 2만 명을 대상으로 한 전국 조사에서 ACE 생존자의 현실을 보여주는 분석 결과를 정리했다. 또한 그들의 삶을 더 깊이 이해하기 위해 ACE 생존자 수십 명과 인터뷰하고 일부를 6장에 수록했다. 이런 과정을 거쳐 수많은 연구 자료와 사례가 밝혀낸 ACE의 현황을 이 책에 최대한 알기 쉽게 풀어놓았다.

2
몸과 마음의 변화

ACE 연구의 시초

ACE 점수가 4 이상인 사람은 0인 사람에 비해
알코올 의존증은 7.4배, 우울증은 4.6배,
'50명 이상과의 성관계'는 3.2배,
자살 지수는 12.2배 발생 확률이 높았다.

한 의사가 발견한 것

ACE 연구는 한 의사가 임상 현장에서 발견한 것에서 시작됐다. 미국 캘리포니아주 샌디에이고에 사는 빈센트 펠리티(Vincent J. Felitti)는 의료기관도 소유하고 있는 카이저퍼머넌트(Kaiser Permanent)라는 미국 최대 건강보험회사의 예방의학과 주임이었다.

1980년대 초반, 펠리티는 자신의 비만 전문 클리닉에서 카이저퍼머넌트 비만 치료 프로그램을 운영하고 있었다. 그런데 한 젊은 여성 참가자가 120킬로그램 넘게 감량에 성공했다가 아주 빠른 기간 안에 다시 급격하게 살이 쪘다. 그녀의 말에 따르면, 직장에서 중년의 남성 동료가 성적으로 접근해오자 이것이 화근이 돼 수면 중 섭식장애(Sleep-Related Eating Disorder, SRED는 자다가 일어나 많은 음식을 먹고 기억하지 못하는 종류의 증세)가 재발했다고 한다. 펠리티가 집요하게 물어보자 그녀가 열 살 때 할아버지가 성적으로 학대했고 그때부터 살이 찌기 시작했다고 고백했다. 펠리티에게는 예상치 못한 전개였다.

이를 계기로 펠리티는 아동기 성적 학대와 비만의 연관성을 알아내기 위해 클리닉에 내원하는 환자 286명과 일대일 면담을 진행했다. 그 결과, 놀랍게도 환자 중 55%가 어린 시절에 성적 학대를 겪었고 이들 다수가 종류가 다른 학대나 가정의 심각한 기능 부전도 경험했다는 사실이 드러났다.[1]

성적 학대를 겪은 피해자가 살을 찌우는 데는 타인의 관심을 끌지 않으려는 의도가 있었다. 즉 살을 찌우는 것이 트라우마 경험에 대한 '무의식적인 해결책'이 되었다고 펠리티는 생각했다. 이렇게 해서 모두가 놓치고 있던 패턴, 즉 비만의 배경에 아동기의 부정적 경험이 있다는 중대한 사실을 알아내게 되었다.

1990년, 펠리티는 자신이 발견한 사실을 미국 비만학회에서 발표하지만, 청중의 거센 비난을 듣게 된다. 한편 미국 질병통제예방센터(CDC)에서 근무하는 한 역학자가 이 주장에 동의했다. 그의 주선으로 펠리티는 질병통제예방센터에서 발표하게 되고 이곳에서 역학자 로버트 안다(Robert Anda)와 만나게 되었다. 안다는 여러 공중보건 문제가 발생하는 근본적인 원인에 관심이 많았다. 또 그는 대규모 데이터 분석에도 일가견이 있었다.

이렇게 만난 펠리티와 안다, 즉 카이저퍼머넌트와 질병통제예방센터는 공동 연구를 시작했다. 비만뿐만 아니라 온갖 질병에 아동기의 학대 및 방임, 가정에서 받는 스트레스 요인이 장기적으로 어떤 영향을 미치는지 검증하는 대규모 역학 연구가 실현되는 순간이었다.

1만 7,337명이 참여한 최초의 ACE 조사

1995년부터 1997년에 걸쳐 ACE 연구(CDC-카이저 ACE 연구)가 처음 실시되었다. 카이저퍼머넌트에 건강검진을 받으러 온 2만 6,000명에게 조사 참여를 요청한 결과, 1만 7,000명 이상이 협력 의사를 밝혔다. 바로 이들이 최초의 ACE 조사 대상자가 되었다.

이때 사용된 조사표에 ACE가 있는지 알아보는 질문 항목이 포함돼 있다. 다음에 나오는 표가 그 ACE 항목들이다. 그중 방임에 관한 질문 항목은 1997년도 조사에 사용되었다. 또 근친자 간 폭력이 아니라 엄마가 당한 폭력을 채택했다.

상단의 다섯 가지 질문은 18세가 되기 전에 있었던 학대 및 방임을 묻는다. 각각 신체적·정서적·성적 측면에서 피해를 파악한다. 하단의 다섯 가지 질문은 18세 이전에 가정에서 어떤 문제(가정의 기능 부전)가 있었는지 묻는다. 부모와 떨어져 살았는지, 엄마가 가정폭력을 당했는지, 가족 중 의존증이나 정신 질환을 앓는 사람이 있었는지, 수감된 사람이 있었는지 묻는다.

조사 대상자는 각 질문에 대답하고 해당하는 항목이 있으면 1점씩 더한다. 이를 모두 합한 ACE 점수(0~10)와 성인기의 질병 및 문제행동의 연관성을 검증했다.

이들은 당연히 건강보험에 가입해 있었고, 대졸자

CDC-카이저 ACE 연구에 사용한 ACE 항목

질문	분류
18세가 되기 전에……	
부모 또는 함께 사는 성인이 빈번하게 혹은 일상적으로 당신을 밀치거나 붙잡거나 뺨을 때리거나 뭔가를 던졌나요? 또는 흉터가 남거나 부상을 입을 정도로 당신을 세게 쳤나요?	신체적 학대
부모 또는 함께 사는 성인이 빈번하게 혹은 일상적으로 당신에게 욕설하거나, 모욕감을 주거나, 깎아내리거나, 수치심을 주었나요? 또는 다칠지 모른다는 두려움을 느낄 만한 행동을 했나요?	정서적 학대
성인 또는 다섯 살 이상 많은 사람이 성적인 방법으로 당신을 만지거나 애무하거나, 자신의 몸을 만지도록 강요한 적이 있나요? 또는 당신에게 성교를 시도하거나 실제로 성교한 적이 있나요?	성적 학대
빈번하게 혹은 일상적으로 충분히 먹지 못하고, 더러운 옷을 입어야 했고, 자신을 지켜주는 사람은 없다고 느꼈나요? 또는 부모가 알코올·약물 의존증 때문에 자신을 돌봐주지 않거나, 병원에 가야 할 상황일 때 데려가지 않는다고 느꼈나요?	신체적 방임
빈번하게 혹은 일상적으로 가족에게 사랑받지 못하거나, 자신이 소중하고 특별한 존재가 아니라고 느꼈나요? 또는 가족이 서로에게 무관심하거나 친밀감이 없거나 서로를 돕지 않는다고 느꼈나요?	정서적 방임
부모가 별거하거나 이혼했나요?	부모와의 이별
엄마 또는 새엄마가 빈번하게 혹은 일상적으로 밀쳐지거나 붙들리거나 뺨을 맞거나 날아오는 물건에 맞았나요? 때때로, 빈번하게 혹은 일상적으로 발로 차이거나 물리거나 주먹 또는 단단한 물건으로 맞았나요? 적어도 몇 분간 계속해서 맞거나, 총이나 칼로 위협당하거나 다친 적이 있나요?	엄마가 당한 폭력
술버릇이 나쁘거나 알코올 의존증이 있거나 약물을 남용하는 사람과 함께 살았나요?	가족의 알코올·약물 남용
가족 또는 함께 살던 사람 중 우울증·정신 질환이 있거나 자살을 시도한 사람이 있었나요?	가족의 정신 질환·자살
가족 또는 함께 살던 사람 중 교도소에 수감된 사람이 있었나요?	가족의 수감

(Felitti et al. (1988: 248), ナカザワ (2018: 15-18)를 바탕으로 편집)

75%, 백인 75%였다. 즉 다수가 교육 수준이 높은 중간계급 백인이었다. 그래서 펠리티와 안다는 ACE 점수가 상당히 낮을 것이라고 예상했다.

하지만 예상 밖으로 참가자(1만 7,337명) 중 약 3분의 2(64%)가 한 가지 이상의 ACE를 경험한 적이 있었다. ACE 점수가 1인 사람은 26%, 2는 16%, 3은 10%, 4 이상은 13%로 예상보다 많은 이들이 두 가지 이상의 부정적 경험이 있었다.[2]

성인이 된 이후의 건강에 미치는 영향

이 조사 결과는 ACE와 성인이 된 이후의 건강 문제 사이에 명백한 연관성이 있음을 입증했다는 점에서 놀랍다. 펠리티와 안다는 1998년 발표한 논문[3]에서 9,508명(유효 회답률 : 71%)을 대상으로 일곱 가지 ACE(신체적·정서적·성적 학대, 엄마가 당한 폭력, 가족의 약물 남용·정신 질환·수감)가 건강에 미치는 영향을 검토했다.

오즈비(odds ratio)란 어떤 현상의 발생 가능성을 두 집

ACE 점수별 조정 오즈비(신체 건강)

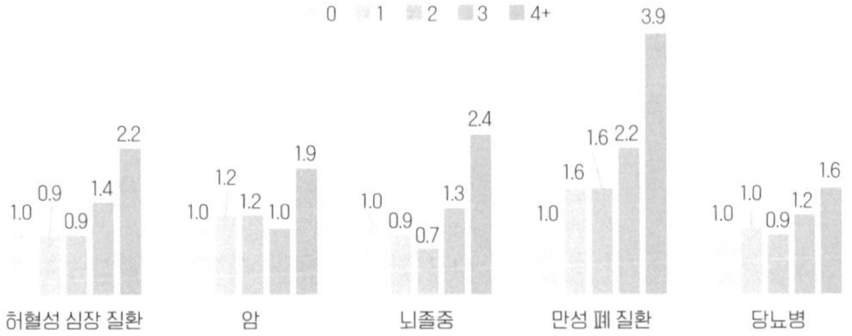

(Felitti et al. (1998)을 바탕으로 작성)

단 간에 비교한 지표를 말한다. 수치가 1보다 커질수록 실험군이 비교 대조군보다 그 일이 발생할 가능성이 더 크다.

조정 오즈비(adjusted odds ratio)는 다른 요인의 영향을 제거한 오즈비를 말한다. 여기서는 연령, 성별, 인종, 학력의 영향을 제거한 후 ACE가 질병 및 건강 위험 행동에 미치는 직접적인 영향을 검토했다.

그 결과, ACE 점수가 4 이상인 사람은 0인 사람보다 허혈성 심장 질환은 2.2배, 암은 1.9배, 뇌졸중은 2.4배, 만성 폐 질환은 3.9배, 당뇨병은 1.6배 발생 확률이 높았다. 이 질환들은 대표적 사망 원인으로 꼽힌다.

또 ACE 점수가 4 이상인 사람은 0인 사람보다 알코올

ACE 점수별 조정 오즈비(정신 건강)

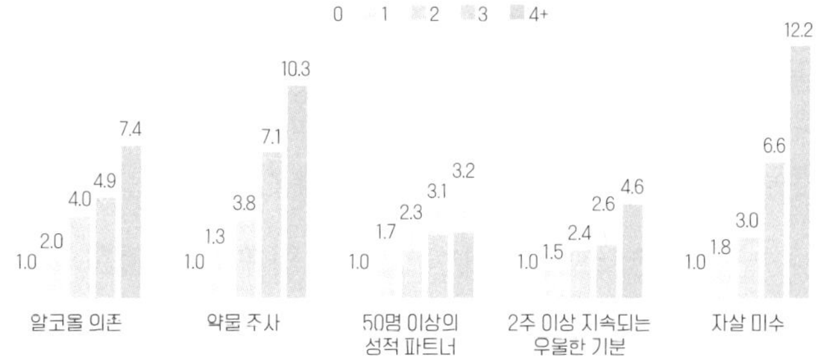

(Felitti et al. (1998)을 바탕으로 작성)

의존증은 7.4배, 약물 주사는 10.3배, '50명 이상과의 성 관계'는 3.2배 발생 확률이 높다는 결과도 얻었다. ACE 점수가 높으면 어떤 대상에 의존하는 경향도 높아진다고 할 수 있다.

정신 건강과 관련해서는 더욱 뚜렷한 연관성이 나타났다. ACE 점수가 4 이상인 사람은 0인 사람보다 우울증은 4.6배, 자살 미수는 12.2배 발생 확률이 높았다.

이처럼 ACE 점수가 높을수록 성인기에 질병이 더 많이 발생하거나, 건강에 위험한 행동을 하거나, 정신 건강이 더욱 악화되는 경향을 발견했다. 이를 ACE와 건강 악화의 '용량 반응 관계(dose-response relationship)'라고 한다.

이처럼 ACE에 노출된 경험이 건강에 미치는 부정적인 영향을 검토하는 접근법을 '누적 위험 모델(Cumulative risk model)'이라고 한다.[4] 중요한 것은 특정 ACE의 '종류'가 아니라 ACE에 노출된 '양'에 초점을 두었다는 것이다. 이 누적 위험 모델은 ACE에 노출된 양과 건강 악화의 연관성(용량 반응 관계)을 분명하게 밝혔다는 점에서 유용하다. 또 부정적 경험이 얼마나 중복되는지를 기준으로 누가 가장 많이 위험에 노출되었는지 특정하는 접근법이기도 하다.

ACE가 일으키는 질병

방대한 연구를 통해 ACE가 심장 질환, 뇌졸중,
폐암, 당뇨병 등에 영향을 준다는 것이 밝혀졌다.
신체적 질병보다는 음주 문제, 불안, 폭력 피해 등
사회적·심리적·행동적 차원의 위험이 훨씬 더 커졌다.

ACE가 유발하는 심신의 질환

앞서 인용한 논문은 1998년에 발표된 이래 지금까지 8,700편 이상의 연구 논문에 인용되고 있다(출처 : Web of Science). 기존의 신체 의학에서는 성인 환자의 어린 시절에 주목하는 경우가 거의 없었기에 펠리티와 안다의 발견은 의학계에 엄청난 충격을 안겨주었다. 이 ACE 연구를 계기로 아동기의 가혹한 부정적 경험이 성인이 된 후의 건강을 해롭게 한다는 사실이 널리 알려지게 되었다.

이어진 수많은 연구에서 ACE가 심신의 질환과 건강 위험 행동에 영향을 준다는 사실이 입증되었다.

이를테면 ACE가 허혈성 심장 질환[5]이나 뇌졸중[6], 간 질환[7], 폐암[8], 만성 폐쇄성 폐 질환[9], 당뇨병[10], 잦은 두통[11], 수면 장애[12]에 영향을 준다고 보고되었다.

또한 조기 음주[13], 알코올 의존증[14], 위법 약물 사용[15], 흡연[16], 비만[17], 위험한 성 행동[18], 10대 임신[19], 우울증[20], 불안[21], 외상 후 스트레스 장애(PTSD)[22], 자살 미수[23]에도 영향을 준다고 밝혀졌다.

이렇게 방대한 연구 지식을 정리한 리뷰 논문(기존의 연구나 문헌을 분석하고 정리하는 논문)도 지금까지 다수 발표되었다. 이중 96편의 문헌을 리뷰한 최근 연구[24]를 소개한다. 이 96편의 문헌에서는 개별 ACE 연구에 쓰인 ACE 항목이 전부 사용되었다. 이 리뷰 논문에서는 각 연구의 표본 크기를 조정하고 산출한 조정 오즈비를 건강에 관한 결과 수치(심신의 건강 상태와 행동)에 각각 표시했다.

이 결과가 다음 표에 정리되어 있다. 이 결과를 보면 신체 질병보다 심리·사회적 및 행동적 결과 수치의 조정 오즈비가 전체적으로 높아졌음을 알 수 있다. 특히 자살 미수의 값이 7.3이라는 사실이 눈길을 끈다.

ACE는 자살 미수에 매우 큰 영향을 미치고 각종 심신

ACE 점수가 0인 사람보다 4 이상인 사람에게 발생할 확률이 높은 질환과 문제(조정 오즈비)

의학적 결과 수치		심리·사회적 및 행동적 결과 수치	
허혈성 심장 질환	2.3	흡연	1.9
위장 질환	1.5	음주 문제	4.3
호흡 질환	2.6	우울한 기분	3.2
신체 고통·두통	2.0	위험한 성 행동	2.8
수면 장애	1.6	위법 약물 복용	3.7
		자살 미수	7.3
		품행 문제	2.0
		건강 상태 및 생활의 질 저하	2.7
		폭력 피해	5.0
		심리적 고통을 동반한 스트레스	5.6
		패닉 및 불안	6.8

(유의미한 결과만 게재. Petruccelli et al. (2019)을 바탕으로 작성)

의 질환 및 건강 위험 행동과 관련되어 있어 결국 수명에까지 영향을 준다.

펠리티와 안다는 최초의 ACE 조사 대상자(1만 7,337명)를 2006년 말까지 추적 조사했다. 그 결과, ACE 점수가 6 이상인 사람은 0인 사람보다 평균 20년 일찍 사망했다고 보고되었다.[25]

일본의 ACE 연구

일본에서도 ACE와 건강의 연관성에 대한 실증적 연구 성과들이 발표되었다. 모든 연구에서 일본의 ACE 생존자는 신체적·정신적 질환이 발생할 위험이 크다는 결과가 나왔다. 그중 몇 가지 연구를 소개한다.

우선 일본과 핀란드의 고령자를 대상으로 한 국제 비교 연구에서 ACE와 신체적 질환의 연관성이 밝혀졌다. 일본인에 관한 연구는 JAGES(일본 노년학 평가연구) 데이터에 등록된 평균 연령 69.5세의 1만 3,123명을 대상으로 분석했다. 이 연구에서는 ACE 중 부모의 이혼, 가족에게 느끼는 공포(신체적 학대를 당하거나 가정폭력을 목격하는 것), 경제적 궁핍의 세 가지 항목이 사용되었다. 교토대 의학연구과 연구원 아메미야 아이리(雨宮愛理) 연구팀이 발표한 논문에 따르면, ACE 점수가 높을수록 자신이 건강하지 않다고 인식하며 암, 심장 질환, 뇌졸중, 당뇨병 유병률이 높은 경향이 있었다.[26] 일본과 핀란드의 고령자 모두 유사한 결과가 나왔다.

정신 질환에 관해서도 분명한 근거가 나왔다. 정신 보

건에 관한 대규모 국제 비교 조사인 '세계 정신 건강 조사(World Mental Health Survey)'의 일본 조사에서 ACE와 정신 질환의 연관성이 나왔다. 2002~2004년 실시된 이 조사는 7개 지역의 20세 이상 주민 1,722명을 대상으로 분석했다. 여기서는 열두 가지 부정적 경험(부모의 사망, 부모의 이혼, 부모와의 이별, 부모의 정신 질환, 부모의 약물 남용, 부모의 범죄, 가정폭력 목격, 신체적 학대, 성적 학대, 방임, 신체적 질환, 경제적 궁핍)이 사용되었다. 도쿄의과치과대 국제건강추진의학분야 교수인 후지와라 다케오(藤原武男)나 도쿄대 의학계 연구과 특임 교수인 가와카미 노리토(川上憲人) 연구팀이 발표한 논문에 따르면, ACE 점수가 커지면 정신 질환 발병 오즈비가 커졌고, 특히 ACE 점수와 불안 장애와의 연관성이 강하다는 점이 밝혀졌다.[27]

이 밖에도 ACE 점수가 높을수록 고령자의 치매 발병 위험이 크고,[28] 고차생활기능(청소, 식사 준비, 여가 활동, 탐색, 배려, 젊은 세대와의 적극적인 교류 등 혼자 사는 고령자가 활기차게 사는 데 필요한 능력)이 제한될 위험이 커지며[29] 젊은 엄마의 자해 충동 위험도 커진다는[30] 연구 결과가 발표되었다.

미국에서 시작된 ACE 연구는 일본인의 건강 악화의 원인을 알아내는 데도 유효하다고 보인다. 여러 연구 성과들이 성인이 된 후 생활습관병에 걸리거나 정신 질환이 생기는 배경에 스트레스가 많은 성장 환경이 있으며 ACE가 생애에 걸쳐 깊은 상처를 남긴다는 것을 시사한다.

ACE가 질병을 일으키는 메커니즘

인간의 신체는 과도한 스트레스에 장기간
노출되는 환경에 있으면, 후성 유전체의
형질이 바뀌거나 뇌 구조 및 기능이 변화하거나
내분비계·면역계 시스템에 이상이 생긴다.

ACE 피라미드

그렇다면 ACE는 왜 이렇게까지 온 생애에 걸쳐 심신의 건강에 부정적인 영향을 주는 걸까? 이 과정을 'ACE 피라미드'가 단적으로 알려준다. 이것은 ACE 연구의 중요한 이론적 뼈대로 알려져 있다.

ACE를 경험하면 몸과 마음이 잘 발달하지 못해 사회적·정서적·인지적 장애가 생길 확률이 높아진다. 심지어 문제에 대한 개인적 대응으로 음주·약물 남용 등 건강에 위험한 행동에 쉽게 빠진다. 이러한 건강 위험 행동에 따른 질병, 장애, 대인관계 문제로 결국 조기 사망에 이르기도 한다.

ACE 피라미드

(Felitti et al. (1988: 256)을 바탕으로 작성)

그런데 이 ACE 피라미드는 ACE가 어떤 과정을 통해 심신의 건강을 해치는지는 자세하게 보여주지 않는다.

이 메커니즘과 관련해 최근 수많은 연구에서 분명하게 밝혀진 것이 있다. 그 메커니즘을 스트레스 반응의 변화, 뇌 자체의 변화, 후성적 변화라는 세 가지 관점에서 설명한다.

메커니즘 1. 스트레스 반응의 변화

우선 ACE가 심신에 미치는 주요 영향으로 스트레스 반응 변화를 꼽을 수 있다. 핵심은 '유독성 스트레스(toxic stress)'다. 유독성 스트레스란 안정된 응답적 관계에 따른 완충(보호)이 없는 상태로, 생리적 스트레스 반응 시스템이 과잉되거나 장기 활성화되는 것으로 정의된다.[31] 오랫동안 ACE를 반복해서 경험하면 일반적인 수준을 뛰어넘는 스트레스 반응이 유발되는 동시에 신체가 마모되고 손상을 입는다.

스트레스에 대처하는 구조

먼저 정상적인 스트레스 반응 구조부터 간단하게 설명한다. 사람이 외부의 자극(스트레스 요인)을 받으면 몸속에서 다양한 화학 반응이 일어난다. 자신의 몸을 보호하려는 이 화학 반응을 '스트레스 반응'이라고 한다.

사람은 위험이 닥치면 우선 대뇌피질에서 그 자극을 인지하고, 편도체에서 공포와 불안을 느낀다. 그러면 '위험에 대응하라'는 명령이 시상하부로 즉각 전달된다. 이 스트레스 반응의 사령탑인 시상하부는 CRH(부신피질자극호르몬 방출호르몬)라는 호르몬을 분비해 HPA축과 SAM축을 작동시킨다.[32]

HPA축은 '시상하부-뇌하수체-부신피질 축'이라고 하

며, 뇌하수체에서 ACTH(부신피질자극호르몬)라는 호르몬을 내보내 부신피질의 코르티솔 분비를 촉진한다. 코르티솔은 스트레스가 많은 상황에서 분비량이 급격하게 증가하기 때문에 '스트레스 호르몬'이라고 불린다. 코르티솔이 분비되면 각 기관의 신체 대사가 촉진되거나, 지방이 축적되거나, 번식 기능이 억제되거나, 염증이나 알레르기 반응이 억제된다. 이렇게 신체가 스트레스 요인에 대처할 수 있는 상태가 된다.

한편 SAM축은 '시상하부-교감신경-부신수질 축'이라고 하며, 아드레날린과 노르아드레날린 분비를 촉진한다. 아드레날린이 분비되면 심박수가 증가하고, 혈압이 높아지며, 각 신체 기관에서 혈관 수축이 일어난다. 노르아드레날린이 분비되면 심박수와 혈압이 상승해 활동적으로 변하고 집중력이 높아지거나 기억력이 좋아져 머리가 맑아진다. 이러한 아드레날린과 노르아드레날린의 작용으로 스트레스 요인과 '싸울지 아니면 도망갈지'에 대한 반응 즉 '투쟁-도피 반응'이 가능해진다.

도망치지 못했거나 억압당해 '투쟁-도피 반응'이 불가능할 때, 자율신경계에서 궁극적인 긴급체계인 등쪽 미주

스트레스 반응의 경로

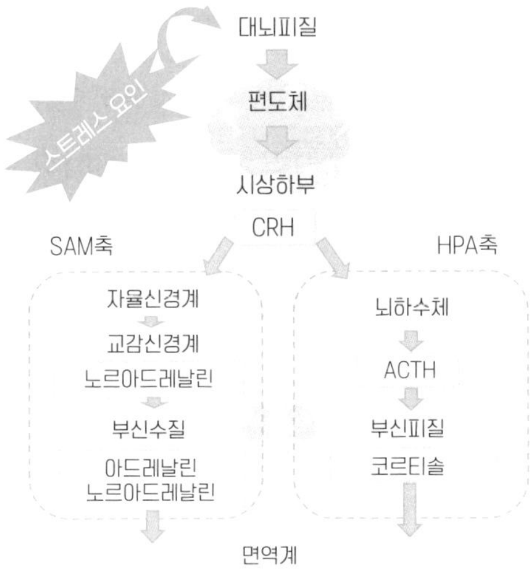

신경이 활성화되고 에너지 소모를 최대한 줄여 신체를 보호하려는 '몸이 얼어붙는' 증상이 나타나는 것은 '다미주 신경 이론(Polyvagal theory)'으로 설명할 수 있다.[33] 스티븐 포지스가 주장한 다미주 신경 이론은 최근 트라우마 치료법에도 영향을 주고 있는 신경생물학 이론이다.

코르티솔이나 아드레날린·노르아드레날린 같은 호르몬은 원래 계속 분비되지는 않는다. 일단 위험을 회피하고 신변의 안전이 확보되면 HPA축이나 SAM축의 작동이 멈춘다.

또 코르티솔 분비는 '음성 피드백'으로 일정한 범위 안에서 억제된다. 만약 코르티솔이 비정상적으로 과잉 분비되면 해마, 시상하부, 뇌하수체를 통해 CRH와 ACTH 분비가 억제되고, 코르티솔 또한 더 이상 만들어지지 않도록 억제된다. 이렇게 호르몬 분비량이 절묘하게 조절되는 덕분에 우리의 몸은 늘 항상성을 유지한다. 이렇게 생명이 유지되는 안정성을 알로스테시스(allostasis)라고 한다.

스트레스 반응 조절 장애와 염증 수치 상승

그러나 만성적인 스트레스에 노출된 사람은 HPA축이나 SAM축의 스트레스 반응에 '조절 장애'가 생긴다고 한다. 몸속에서 스트레스 반응이 계속해서 일어나는 바람에 HPA축이나 SAM축의 작동이 멈추지 않기 때문이다. 이렇게 알로스테시스가 무너진 상태를 '알로스테시스 과부하'라고 한다.

그렇다면 조절 장애가 생긴 두 축에서는 어떤 일이 일어날까?

HPA축에서 '음성 피드백'이 기능을 잃고 코르티솔이

계속해서 방출되면 지질이 축적되고 혈중 콜레스테롤이 증가해 내장 비만이 될 가능성이 커지거나, 뇌에 있는 '해마(일시적인 감정과 기억을 관장하는 부위)'의 신경세포가 위축된다.[34] 높은 코르티솔 수치와 해마 위축은 우울증의 병태로도 알려져 있다.[35]

한편 HPA축이 지속적으로 활성화되면 글루코코르티코이드 수용체(GR, 코르티솔 등 당 대사를 조절하는 스테로이드 호르몬을 인식하고 결합해 세포핵에 정보를 전달하는 물질)의 기능이 저하된다. 글루코코르티코이드 수용체의 감지 기능이 약해지면 염증성 사이토카인이 항염증 작용이 있는 코르티솔의 신호를 전달받지 못하게 되면서 염증에 취약해진다.[36]

'염증'이란 감염이나 상처 등의 자극으로부터 몸을 보호하기 위해 백혈구가 세균, 바이러스와 싸우는 면역 반응이다. 대개 염증은 신체 건강을 유지하기 위한 생체 방어 반응이다. 하지만 만성적으로 염증 수치가 상승하면 천식, 아토피성 피부염 같은 알레르기 질환, 관절 류머티즘 등 자가면역질환뿐만 아니라 당뇨병, 암 같은 만성 질환으로도 이어질 가능성이 있다.

또 SAM축에서도 반복적인 스트레스로 인해 교감신경

과 부교감신경의 균형이 무너지고 교감신경이 우위가 되면 백혈구(과립구)가 비정상적으로 늘어나고 염증에 취약해진다.[37] 교감신경이 활성화되면 노르아드레날린이 방출되어 염증성 유전자를 자극해서 염증에 취약해질 가능성도 제기되었다.[38]

이처럼 만성적인 스트레스는 교감신경을 반복적으로 자극하고, 부교감신경이나 HPA축 등 주요 항염증 경로의 조절 기능을 서서히 낮춰 염증 억제가 불가능해진다.[39] 이렇게 되면 공격 대상이 아닌 물질을 과도하게 공격하게 되면서 각종 질환에 취약해진다.

내분비계·면역계 이상

아동기에 부정적인 경험을 겪은 사람의 몸속에서는 정말로 내분비계나 면역계가 이상을 일으킬까? 이를 추정하게 해주는 근거가 있다.

예를 들면 학대를 받은 아이의 코르티솔 기초 수치가 상승한 것으로 보아 HPA축의 만성적인 활성화를 추정한다. 신체적·정서적 학대 등으로 인한 외상 후 스트레스 장애(PTSD)가 있는 아이들은 건강한 아이들에 비해 24시간

내내 소변과[40] 타액에서[41] 코르티솔 수치가 유의미하게 높았다.

학대를 당한 아이의 코르티솔 기초 수치가 상승한 것으로 확인된 반면, 충분한 보살핌을 받지 못한(방임) 아이들의 코르티솔 반응은 둔해졌다는 지적도 있다. 통상 코르티솔은 오전부터 낮 사이에 가장 많이 분비되다가 밤이 되면 분비량이 줄어드는 일주기가 반복되는데, 이 리듬의 변화가 사라졌다는 것이다.

루마니아 독재자 차우체스쿠가 몰락한 후, 열악한 보육원에 있던 아이들은 시설에 있지 않은 아이들에 비해 코르티솔 수치의 일주기 변화가 적었다.[42] 생후 16개월 이후 미국에 입양된 아이, 특히 입양되기 전에 시설에서 충분한 보살핌을 받지 못한 경우에는 일주기 리듬에 변화가 적었고 코르티솔 반응성이 둔했다는 보고도 있다.[43]

학대·방임 이외의 부정적 경험에서도 코르티솔 반응성 저하와의 연관성이 추정되었다. 저소득 가구에서 자란 유아를 대상으로 한 종단 연구 결과, 한부모 가정, 엄마의 우울증, 주거 불안정처럼 많이 누적된 부정적 경험은 오전 중 낮은 코르티솔 수치와 온종일 기울기 변화가 적은 코

르티솔 수치와 관련이 있었다.[44]

이러한 연구 결과는 ACE가 HPA축의 작용에 영향을 주고 스트레스 호르몬으로 기능하는 코르티솔 작용에 관여한다는 것을 암시한다.

ACE는 면역계에도 영향을 미치는 것으로 보인다. 10세가 되기 전에 유해한 경험(학대, 사회경제적 불리함, 사회적 고립)이 있는 사람은 32세가 되는 시점에 염증 생체 지표인 CRP(C-Reactive Protein) 수치가 높아지는 경향이 관찰되었다.[45] 또한 과거 신체적 학대가 있었고 현재는 우울증을 앓고 있는 12세 아이들에게서도 마찬가지로 높은 CRP 수치와 염증 수치가 관찰되었다. 다양한 질환을 일으키는 염증이 ACE 생존자의 신체에 있을 가능성이 크다고 할 수 있다.[46]

메커니즘 2. 뇌 자체의 변화

이제 '뇌 자체의 변화'를 설명한다. 특히 전두전야, 편도체, 해마 등 스트레스에 민감한 영역에서 구조적, 기능

뇌의 주요 부위

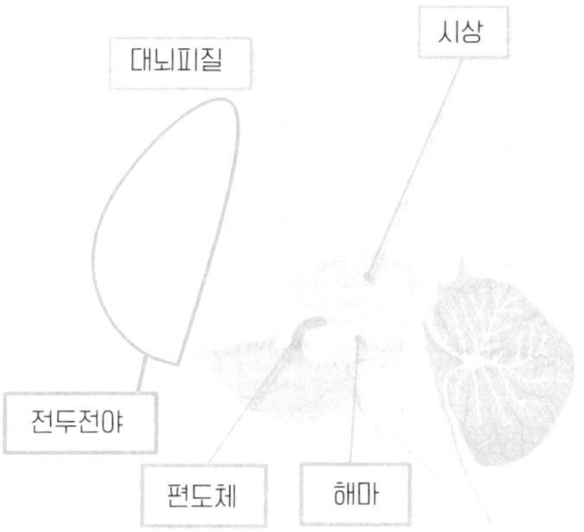

적 이상이 발생하는 것으로 알려져 있다.

위 그림에서 알 수 있듯 전두전야는 머리 앞쪽, 이마 뒤에 있고 전두엽 대부분을 차지하는 영역이다. 기억 및 감정 조절, 행동 억제 등 고도의 정신 활동을 관장한다. 편도체는 감정의 중추이자 기쁨과 고통을 관장한다. 해마는 감정적 정보를 처리하고 기억에 중요한 역할을 맡고 있다.

만성적인 스트레스에 노출되면 전두전야에서는 수상돌기(정보를 받아들이는 신경세포 돌기)가 짧아지고 집중력이 저하되며 기분, 정서와 관련된 하향식 인지적 정동 억제 장애 등의 행동 증상이 나타난다. 편도체에서는 수상돌기가 성장해 공포나 불안 반응이 강화되는 등의 행동 증상이 나타난다. 또 해마의 용적이 줄어들고 공간 기억력과 문맥적 기억력이 저하된다고 한다.[47]

뇌 용적과 행동의 변화

ACE가 전두전야, 편도체, 해마에 영향을 미친다는 과학적 근거는 다음과 같다.

우선 전두전야부터 살펴본다. 한 연구에서 신체적 학대를 받은 아이(31명)가 그렇지 않은 아이(41명)에 비해 안와전두피질(전두전야 아래에 있고 감정과 사회적 행동을 조절하는 영역)의 용적이 작다고 밝혀졌다. 이는 뇌 구조의 변화가 학업이나 가족에 관련된 어려움과 관련됨을 시사한다.[48]

또 학대 관련 외상 후 스트레스 장애가 있는 아이와 청년(28명)은 건강한 대조 비교군(66명)보다 전두전야의 용적이 작다고 확인되었다.[49] 신경심리학적 특징과 관련해서도, 학대나 가정폭력을 목격한 경험이 원인이 돼 외상 후 스트레스 장애가 생긴 아이(14명)는 연령·인종·사회경제적 지위 및 IQ가 비슷하며 학대 경험이 없는 건강한 아이(15명)에 비해 주의력이 산만했고 충동성이 높았으며, 지속적인 주의력이 필요한 과제에서 더 많은 오류를 범해 전두전야의 기능이 떨어졌음을 시사했다.[50]

편도체와 관련해서는, 영국 가정에 입양된 루마니아 아동을 대상으로 한 연구에서 시설에서 생활한 아이(14명)는 시설에서 생활하지 않은 아이(11명)에 비해 편도체 용적이 크다고 보고되었다.[51] 미국 가정에 입양된 아시아와 동유럽 아동을 대상으로 한 연구에서도 보육원에서 오래 생활한 아이(17명)는 보육원에서 생활하지 않은 아동(28명)과 비교해 편도체의 용적이 컸다.[52]

해마와 관련해서는, 신체적·성적 학대가 원인이 돼 외상 후 스트레스 장애가 생긴 성인 환자(17명)는 건강한 성인(17명)에 비해 왼쪽 해마의 용적이 작은 것으로 밝혀졌다.[53] 또한 ACE 점수가 3 이상인 사람(31명)은 0인 사람(89명)에 비해 왼쪽 해마의 용적이 작다는 보고도 있었다.[54] 더욱이 우울증과 관련된 한 종단 연구에서는 ACE 경험이 해마의 용적 축소와 관련해 우울증을 유발할 가능성이 시사되었다.[55]

ACE가 뇌 손상에 미치는 영향과 관련해 후쿠이대학의 뇌과학 교수이자 소아정신과 의사인 도모다 아케미(友田明美)의 『아이의 뇌에 상처 입히는 부모들』(2019)의 내용 중 일부를 다음 그림을 인용해 소개한다.[56] 이 책에 따르면 18~25세의 미국인 남녀를 대상으로 한 연구에서 신체적 학대를 빈번하게 겪은 사람들(23명)의 뇌는 신체적 학대 피해가 없는 사람들(22명)보다 감정과 사고 조절, 행동 억제와 관련 있는 전두전야의 용적이 작다는 결과가 나왔다. 다른 연구에서도 암시하듯 신체적 학대는 사람으로서 살아가기 위해 중요한 뇌의 일부를 위축시키고 있었다.

다른 뇌 영역에 관해서도 중요한 발견이 있었다. 아동기에 성적 학대를 받았던 미국인 여학생(23명)은 건강에 이상이 없는 여학생(14명)에 비해 후두엽에 있는 '시각피질'의 용적이 작았다. 그때의 기억을 떠올리면 고통이 따르기에 무의식적으로 뇌가 적응한 것으로 보인다. 이러한 시각피질의 위축은 18~25세의 미국인 남녀 중 아동기에 부모의 가정폭력을 장기간 목격한 집단(22명)과 목격하지

부적절한 양육이 뇌에 미치는 손상

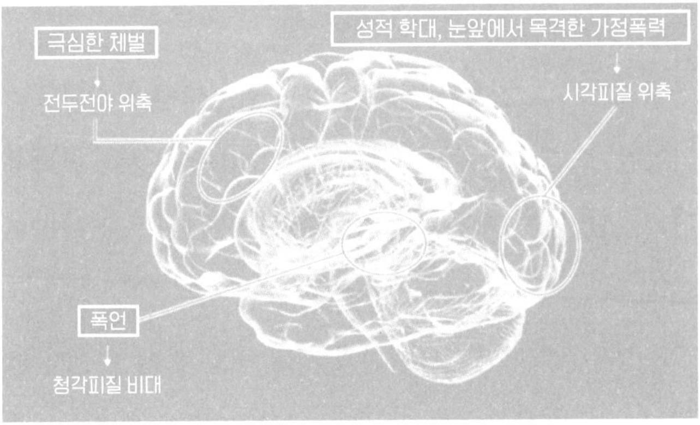

(友田 (2017 : 106) 그림 2-21)

않은 집단(30명)을 비교했을 때도 확인됐다.

게다가 18세 이전까지 정서적 학대(폭언)를 경험한 집단(21명)은 학대 피해가 없고 건강한 집단(19명)에 비해 측두엽에 있는 '청각피질' 일부의 용적이 컸다. 이러한 변화는 언어폭력에 자주 노출되어 뇌 안에서 일어나는 시냅스의 가지치기(신경전달을 효율화하기 위해 불필요한 시냅스를 제거하는 현상)가 정상적으로 작동하지 않아서 발생한 것으로 볼 수 있다.

메커니즘 3. 후성적 변화

지금까지 ACE가 심신의 질환을 일으키는 메커니즘의 가능성 중 내분비계·면역계 혼란과 뇌의 적응적 변화를 살펴보았다. 최근에는 '후성적 변화'에도 관심이 쏠리고 있다.

후성유전학이란 DNA 염기 서열 변화 없이 유전자 발현에 관여하는 구조를 연구하는 학문 영역을 일컫는다.[57] 우리 신체는 약 60조 개의 세포로 이루어져 있고 세포의 핵 속에는 이중 나선 구조의 DNA가 있다. 이 DNA에는 A(아데닌), T(타이민), G(구아닌), C(사이토신) 네 가지 종류의 염기가 있는데, 이 염기 서열에 모든 유전 정보(게놈)가 기록된다.

이 게놈(genome)에 '나중에' '위에'를 뜻하는 에피(epi)가 더해진 화학 수식을 '후성유전학 수식'이라고 하며, 여기서 규정하는 유전 정보를 '후성 유전체(epigenome)'라고 한다. 바로 이 후성 유전체가 유전자 발현을 제어한다. 부모가 아이에게 물려주는 게놈 자체는 평생 변하지 않지만, 후성 유전체는 후천적이라 환경에 따라 변할 수 있다

DNA의 메틸화 이미지

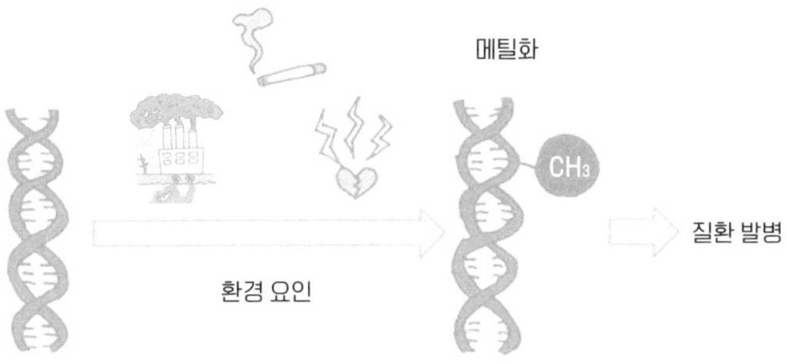

는 점이 중요하다. 즉 한 유전자의 발현 여부는 환경에 따라 스위치가 '켜지거나' '꺼지면서' 바뀔 수 있다.

통상 유전 정보는 DNA →(전사)→ mRNA →(해독)→ 단백질 순으로 전달된다. 즉 DNA에 저장된 유전 정보는 중간체인 mRNA(메신저RNA)로 복사(전사)된 다음, 이 RNA 설계도에 따라 단백질이 만들어지는(해독) 과정을 거쳐 유전 형질이 발현된다. 이 '전사' 과정에 바로 후성 유전학 수식이 관여하게 된다. DNA를 감고 있는 히스톤이라는 단백질이 아세틸화나 메틸화라는 수식(히스톤 수식)을 받으면 전사가 활성화되거나 비활성화된다. 여기서는 DNA 메틸화를 다룬다.

DNA를 구성하는 염기 네 종류 중 주로 C(사이토신)이 메틸화 수식을 받는다. 사이토신에 메틸기(-CH3)가 붙어 '메틸화'되면 전사 인자가 결합할 수 없게 된다. 아니면 메틸화된 사이토신에 결합하는 단백질이 몰려든다. 어떤 경우든 DNA의 염기 배열을 해독하는 전사 인자가 기능할 수 없게 되므로 전사는 억제된다. 즉 DNA가 메틸화되면 유전자 발현이 억제되어 스위치가 '꺼진다'. 반대로 '탈메틸화'되면 전사가 활성화되어 스위치가 '켜진다'.

DNA 메틸화

그렇다면 이러한 후성적 변화의 원인은 뭘까? 지금까지의 연구에서는 영양 부족, 약물, 환경화학물질, 정신적 스트레스 등이 후성 유전 수식을 바꾼다고 알려져 있다. 이러한 여러 환경 요인에 신체가 적응하려는 과정에서 특정 유전자가 발현되거나 발현되지 않는 것이다.

ACE는 의심할 여지 없이 엄청난 스트레스 요인이다. ACE가 후성적 변화를 일으킨다는 가능성을 보여주는 연구 결과가 계속 발표되고 있다. 그중에서도 특히 DNA 메틸화와 관련된 근거가 가장 많이 축적되었다.[58]

유아기에 극심한 신체적 학대나 성적 학대를 겪은 피실

험자의 사후 뇌 샘플을 분석한 연구에서는 해마의 362 유전자 프로모터(유전자 전사를 시작하는 부위)에서 메틸화가 확인되었다.[59] 또 성인의 전혈(全血) DNA를 사용한 연구에서는 아동기에 학대를 경험한 사람의 997 유전자 프로모터에서 메틸화가 확인되었다.[60] 더욱이 6~15세에 부모에게 신체적 학대를 받은 성인 남성의 T세포(림프구의 일종인 면역 세포)를 살펴보았더니 448개의 유전자 프로모터가 메틸화돼 있었다.[61]

시설에 들어가면서 부모와 이별한 아이들에게서도 DNA 메틸화가 확인됐다. 예를 들어 시설에서 생활한 아이는 생물학적 부모 밑에서 자란 아이와 다른 메틸화된 유전자가 있었고, 그 대부분은 면역 반응이나 세포 신호 전달에 관여하고 있었다.[62]

특정 유전자의 메틸화도 주목받고 있다. 그중 하나가 NR3C1(글루코코르티코이드 수용체 유전자)다. 해마 조직에 있는 이 유전자는 GR(글루코코르티코이드 수용체)를 활성화시켜 HPA축(시상하부-뇌하수체-부신피질축)의 '음성 피드백'을 제어하는 작용을 한다. 그래서 이 유전자의 작용이 메틸화로 스위치가 꺼지면, 영구적인 신경 내분비 장애

(코르티솔 분비 변화)가 생길 가능성도 있다.

실제로 건강한 성인의 백혈구 DNA를 분석한 연구에서는 아동기에 부모의 학대 또는 사망, 불충분한 보살핌이 NR3C1 프로모터의 메틸화 증가와 관련되었음을 보여주었다.[63] 이 메틸화는 신경 내분비 테스트에 대한 코르티솔 반응 둔화와 연관성이 있다는 의미다. 즉 ACE로 NR3C1의 스위치가 꺼져 HPA 축이 정상적으로 기능하지 않는다는 것을 암시한다.

이처럼 인간의 신체는 과도한 스트레스에 장기간 반복적으로 노출되는 환경에 있으면, 후성 유전체의 형질이 바뀌거나 뇌 구조 및 기능이 변화하거나 내분비계·면역계 시스템에 이상이 생기면서 심신에 질환이 생긴다(생물학적 메커니즘). 우리의 신체는 다양한 구조에 따라 제어되고 조화를 이루지만 ACE가 일으키는 유독성 스트레스가 이 정교한 인체 시스템을 혼란에 빠뜨리고 전 생애에 걸쳐 건강을 해칠 수 있다.

여기서 설명한 생물학적 메커니즘 외에, ACE가 성인기의 건강에 영향을 미치는 경로에 심리·사회적 메커니즘

도 있다고 본다.[64]

그중 하나가 ACE로 생긴 유독성 스트레스에 대처하기 위해 건강하지 않은 생활습관이나 건강에 유해한 행동(흡연, 음주, 과식 등)을 하다가 건강이 나빠지는 경로다.

또 다른 하나는 ACE로 사회경제적 지위가 낮아지면서 건강이 나빠지는 경로다. 건강하지 않은 생활방식뿐 아니라 사회경제적 상황 악화도 건강을 해치는 강력한 위험 요인이라고 본다.[65]

그렇다면 ACE 생존자들은 어떤 사회경제적 상황에 놓이게 될까? 다음 장에서는 ACE 생존자가 성인이 된 후 얻는 사회경제적 지위를 중심으로 ACE가 장기적으로 어떤 영향을 끼치는지 살펴본다.

ACE와 범죄의 연관성

2장에서 ACE가 심신의 건강에 해롭다는 것을 설명했다. 그런데 이 영향이 반사회적 행동으로 불거질 때가 있다. 실제로 ACE와 범죄 행위의 연관성은 여러 연구에서 밝혀졌다.

2014년에 발표된 한 논문에 따르면, 미국 플로리다주 소년분류심사원(면접과 각종 심리 검사를 통해 소년의 지능, 성격 등의 자질 특징과 비행을 하게 된 원인을 조사하는 시설)에 입소했던 6만 4,329명을 대상으로 한 조사에 따르면 일반인 대상의 ACE 조사에서보다 훨씬 더 높은 ACE 경험률이 확인되었다.[66] ACE 점수가 1 이상인 소년 범죄자 비율은 97%(일반인 ACE 조사에서는 64%), ACE 점수가 4 이상인 소년 범죄자 비율은 50%(일반인 ACE 조사에서는 13%)에 달했다. 즉 조사 대상 소년 범죄자 중 절반이 네 가지 이상의 ACE를 경험했던 것이다.

ACE는 피해 당사자뿐만 아니라 다른 사람들과 사회에도 영향을 미친다.

보론 2

ACE 연구의 유의점과 과제

ACE 연구에는 방법론적으로 고찰해야 할 과제가 있다.

첫 번째, '누적 위험 모델' 문제다. ACE 점수는 아동기에 노출된 부정적 경험의 '양'을 표시하는 척도다. 또 이 모델에서는 모든 부정적 경험에 대한 노출을 같은 값으로 취급한다(성적 학대도 1, 부모와의 이별도 1이다). 이처럼 측정 기준이 매우 단순하기 때문에 본질적으로 복잡한 현상도 '용량 반응 관계'로 쉽게 이해할 수 있고, 부정적 경험을 중복해서 경험하는, 특히 심각한 상황에 놓인 사람을 특정할 수 있다는 이점이 있다.

하지만 ACE 자체는 본래 다양하고 다차원적이다. 부정적 경험의 양만이 아니라 종류, 부정적 경험에 노출된 연령, 빈도, 기간, 심각성 같은 차원도 가볍게 여겨서는 안 된다. 실제로 ACE 종류에 따라 손상되는 뇌 영역이 다르며,[67] 각 ACE가 정신 건강 문제에 다른 영향을 준다고 밝혀낸 연구도 있다.[68] ACE의 악영향을 더 적확하게 파악하고 그 피해를 줄이는 구체적 방안을 세우려면, ACE의 종류와 차원에도 관심을 기울여 이들의 독자적 영향을 상세하게 검토하는 연구가 필요하다.

두 번째, '회상 편향(Recall bias)' 문제다. 수많은 ACE 연구에서는 성인 조사 대상자에게 18세가 되기 이전에 부정적 경험이 있었는지 돌이켜보고 자기 보고(self report)를 하게 한다. 대상자에 따라 기억의 정확도가 달라 측정상의 오차(회상 편향)가 생길 가능성이 있다. 회고적 기억은 연령, 성격, 지식의 양, 어려움의 정도, 현재 상황 등에 영향을 받는다. 따라서 회상 편향을 줄이는 방법(장기 추적 조사 등)을 모색하거나 이런 편향이 적은 연령층을 대상으로 연구하는 등 연구 방법을 검토할 필요가 있다.

세 번째, ACE 척도의 '문화 간 차이' 문제다. 각 ACE 항목의 경험률은 문화에 따라 다른데, 예를 들면 일본에서 '가족의 수감'을 경험한 사람은 미국보다 적다. 어떤 부정적 경험에 중점을 둘지는 국가와 문화권을 고려해야 한다. 현재는 미국에서 사용하는 ACE 척도를 채택하는 경우가 많은데, 국가와 문화를 반영한 ACE 척도를 고안하고 검증해내는 것이 앞으로의 과제다.

3
사회경제적 지위에 미치는 영향

학력, 취업, 소득에 미치는 영향

ACE 생존자는 이유 없이 몸이 힘들고
아침에 일어나기 어려운 상태가 되기 쉽다.
또한 사회적으로 장려되는 목표를 부정적으로
여기거나, 학습과 일에 대한 의욕이 낮아지기 쉽다.

저학력, 실업, 빈곤

ACE 연구는 의학 영역에서 주목받으며 급속도로 발전했지만, ACE 생존자가 몸과 마음뿐 아니라 사회경제적으로도 취약한 상황에 놓일 확률이 높다는 사실은 최근 연구에서 밝혀졌다. 사회경제적 지위, SES(socioeconomic status)에 일반적으로 사용되는 지표는 학력, 직업 그리고 소득이다.

ACE와 학력, 직업, 소득의 연관성을 알아내는 연구는 아직 적지만 늘어나는 추세다.

예를 들면 아동기에 겪은 학대와 방임은 성인이 되었을

때 실업에 영향을 준다는 점이나,[1] 빈곤이나 건강보험 미가입과도 관련이 있다는[2] 사실이 밝혀졌다. 또한 아동기에 학대, 방임을 경험한 성인은 비교 대조군보다 교육 수준이 낮고 노동 소득이 적으며 보유 자산도 적은 경향이 있다는 것도 밝혀졌다.[3] 또한 사춘기에 가정 안과 밖에서 폭력에 노출된 사람은 교육 성취도가 낮거나, 성인이 된 후의 고용 지위나 소득이 낮아질 위험이 크다는 결과도 보고되었다.[4]

이러한 연구는 어디까지나 표본이 특수하거나, ACE 중 학대, 방임 또는 폭력에 노출된 경우로 한정돼 있어 일반화시키기에는 한계가 있다.

그런 의미에서 미국 질병통제예방센터 소속 매릴린 메츨러(Marilyn Metzler) 팀의 연구에 주목할 필요가 있다. 이들은 포괄적 ACE 척도를 이용해 ACE와 성인이 된 후 사회경제적 지위(SES)의 연관성을 알아내고자 했다. 사용된 자료는 2010년도 BRFSS(Behavioral Risk Factor Surveillance System, 행동위험요인 평가시스템)에 등록된 2만 7,834명의 데이터다. 이 연구에서는 신체적 학대, 정서적 학대, 성적 학대, 부모의 별거·이혼, 근친자 간 폭력 목격, 가족의 정

ACE 점수별 사회경제적 지위의 조정 오즈비

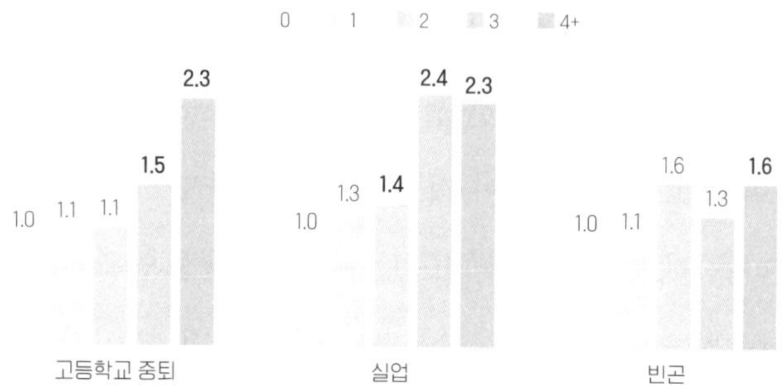

(연령·인종·성별·학력 변수 통제. 굵은 글씨는 5% 수준에서 유의미. Metzler et al. (2017)을 바탕으로 작성)

신 질환, 알코올·약물 남용, 수감, 이 여덟 개를 ACE 기준으로 채택했다. 그 결과, ACE 점수가 높을수록 고등학교 중퇴, 실업, 빈곤의 위험이 명백하게 증가한다는 것이 드러났다.[5]

ACE 점수가 4 이상인 사람은 0인 사람보다 고등학교 중퇴는 2.3배, 실업은 2.3배, 빈곤은 1.6배 확률이 높다.

부정적 경험이 중복된 ACE 생존자는 심신의 건강뿐 아니라 교육, 일, 경제적 성취 측면에서도 불리한 상황에 놓일 가능성이 크다.

ACE가 사회경제적 지위에 영향을 미치는 이유

그렇다면 ACE는 왜 성인이 된 후의 저학력, 실업, 빈곤에까지 영향을 주는 걸까?

현시점에서 ACE의 사회경제적 영향을 검토하는 연구는 걸음마 단계이므로 이 질문에 대해 확실한 답을 하기는 어렵다. 그렇지만 지금까지의 연구를 통해 추정할 수 있는 두 가지 가설이 있다.

가설 1. 출신 가정의 낮은 사회경제적 지위

우선 'ACE를 경험할 가능성이 큰 사회경제적 지위가 낮은 가정에서 태어난 것이 성인기의 낮은 사회경제적 지위에 영향을 준다'는 가설을 생각해 볼 수 있다.

사회 계층이란 학력·직업·소득과 같이 자원의 양에 따라 서열화되는 사회경제적 지위(SES)의 피라미드형 계층조직을 말한다. 대학에 진학하거나 안정된 직업을 가지거나 높은 소득을 얻는 인생의 기회(life chance)는 모든 사람에게 균등하게 분배되지 않고, 주로 출신 가정의 사회 계층에 따라 분배된다고 수많은 사회학 연구(특히 사회계층

ACE와 성인기 낮은 사회경제적 지위의 연관성

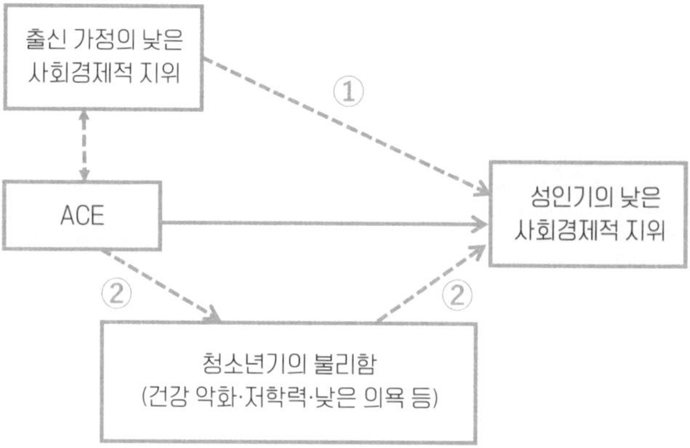

론)에서 밝혀졌다.

부모가 대학을 졸업했으면 자녀도 대학을 졸업할 가능성이 크고, 부모가 전문직에 종사하면 자녀 역시 전문직에 종사할 가능성이 크다는, 출신 계층과 도달 계층의 연관 패턴('계층의 재생산' 경향)은 어느 시대에나 존재했다.[6] 또 '아동 빈곤'에 관한 연구에서도 부모의 빈곤이 자녀에게 대물림되는 '빈곤의 연쇄'가 실제로 일어난다고 지적하고 있다.[7] 이 넘쳐나는 근거들을 종합해 보면, 성인이 된 후에 사회경제적 지위가 낮아지는 배경으로 출신 가정의 사회경제적 지위가 가진 영향을 고려할 필요가 있다.

그런데 메츨러 연구팀의 조사 연구에서는 출신 계층의 영향은 분석에 반영되지 않았다. 어쩌면 아동 학대, 근친자 간 폭력, 의존증 등이 있는 가정에는 부모의 낮은 학력, 실직 또는 불충분한 소득과 같은 냉혹한 사회경제적 상황이 배경에 있을 가능성도 생각해 볼 수 있다.

이 가설을 뒷받침해 줄 연구가 몇 가지 있다. 가령 ACE 점수와 성인기의 낮은 사회경제적 지위(고졸 미만의 학력, 빈곤, 체포, 건강보험 미가입)의 연관성은, 아동기 때 저소득 가구에서 자란 영향을 고려하면 그 연결고리가 약하다는 것을 알 수 있다.[8] 또한 젊은 성인의 교육 성취도나 고용 상태 역시 ACE보다는 부모의 사회경제적 지위가 상대적으로 더 큰 영향을 미친다는 연구도 있다.[9]

이 연구 결과들을 살펴볼 때 성인기의 낮은 사회경제적 지위는 ACE에 기인하는지, 아니면 출신 가정의 낮은 사회경제적 지위에 기인하는지는 개별적으로 각 요인의 영향을 알아보는 게 바람직하다고 생각한다. 선행 연구 중에는 '아동기 빈곤'을 ACE 항목 중 하나로 보는 연구도 있지만, 이 책에서는 빈곤을 포함하지 않고 통제 변수로 설정했다. ACE에 대한 사회적 대책(학대 예방 등)과 낮은 사회경제적 지위를 극복할 사회적 대책(고용 정책 등)이 다르므로 ACE의 영향과 아동기 빈곤의 영향을 구분할 필요가 있다.

가설 2. ACE 생존자의 불리한 여건

다음으로 살펴볼 가설은 'ACE 생존자는 인지적·신체적·정서적으로 불리해지고 그 결과 성인이 된 후에 낮은 계층이 된다'는 것이다.

2장에서 자세히 살펴보았듯이, ACE 때문에 오랫동안 유독성 스트레스에 반복적으로 시달리면 스트레스 반응 시스템, 뇌의 구조·기능, 후성 유전체 등이 변화하므로 건전한 발달이 어렵고 여러 신체적·정신적 질환에 걸린다. 최근 연구에서는 성인이 되기도 전에 이미 ACE가 아이의 발달과 건강에 심각한 영향을 끼칠 수 있음이 밝혀졌다.

ACE와 아동기 건강의 연관성에 관한 35편의 연구를 리뷰한 논문에서는 ACE를 겪은 아이는 인지 발달이 느리고 천식이나 입원이 필요한 감염증, 신체적 고통 호소(두통, 구토감, 어지러움, 피로감 등), 수면 장애 증상이 나타날 확률이 높다고 보고했다.[10]

즉 ACE 생존자는 수업을 잘 따라가지 못하고 공부를 못하고 이유 없이 몸이 힘들고 아침에 일어나지 못하는 상태를 경험하기 쉽다.

더구나 ACE 환경에서 자란 사람은 사회적으로 장려되는 목표를 부정적으로 여기거나, 학습과 일에 대한 의욕이 낮아지는 경향이 있다고 지적되었다.[11] 눈앞의 과제에 도전하는 의욕, 더 좋은 환경을 추구하는 마음은 인생의 기회를 얻을 수 있는 기반이 되는데, ACE 생존자는 이러한 의욕을 느끼기 힘들다.

이렇게 인지적·신체적·심리적으로 불리한 상태면 학교생활에 적응하지 못하는 모습이 절로 눈앞에 그려진다. 학교에서 문제없이 생활하는 것 자체가 힘들면 그다음에 따르는 입학시험 준비와 진학은 진입장벽이 더 높아진다.

고등학교나 대학교에 진학하지 못하거나(또는 진학할 생각 자체도 없다), 진학해도 중퇴하게 되면 최종학력이 중졸 아니면 고졸이 된다. 저학력자에게도 안정된 직업과 수입이 보장된 사회라면 문제없겠지만, 안타깝게도 학력은 인생의 기회 격차를 벌려놓는다. 중졸자, 고졸자 등 비대졸자는 대졸자에 비해 고용이 불안정하고 소득이 낮은 경향이 명백하게 드러난다. 이처럼 대졸/비대졸이라는 경계선에 의해 다양한 격차가 발생하는 사회를 교육사회학자 깃카와 도오루(吉川徹)는 '학력 분단 사회'라고 일컬었다.[12]

즉 ACE 생존자는 학력, 건강, 정신적인 면에서 불리하므로 진학, 취직의 기회를 놓치고 그 결과 청년기, 장년기에 불안정한 소득과 고용 환경에 놓일 가능성이 있다.

일본의 '생애학 WEB 조사'

ACE 점수가 4 이상인 사람 중 94%는
정서적 학대를, 88%는 신체적 학대를 받았으며,
신체적 방임은 46%, 정서적 방임은 44%, 엄마가
폭행당하는 모습을 목격한 경험은 44%였다.

전국 2만 명의 데이터로 살펴본 ACE 실태

일본에서 수집한 대규모 사회조사 데이터로 일본 사회에서 ACE와 성인이 된 후의 사회경제적 지위는 어떤 연관성이 있는지 확인할 수 있다.

여기서 사용된 데이터는 '생애학 WEB 조사(Lifelong Sciences Web-based Survey)' 데이터다. 이 조사는 교토대 대학원 인간·환경학 연구과 인간정보 연구·동물실험 윤리위원회의 윤리 심사에서 승인을 얻었다(승인 번호: 20-H-33). 정부에서 연구비를 지원하는 생애학(20H05805) 프로젝트 연구로, 교토대가 2021년 2월 20일부터 25일까지 실시했다. 이 조사 데이터를 'LSW 데이터'라고 줄여서 부르겠다.

조사 응답자는 일본 전국에 거주하는 20~69세의 남녀 2만 명이다. 온라인 조사 모니터를 통해 응답자를 모집하고, 주민기본대장(2020년 1월 1일 기준)의 모집단 구성비(도도부현 47개×성별 2개×5세 단위의 연령 10층=940셀)에 기초해 표본이 할당되었다.

온라인 조사는 응답자의 편향, 허위 응답으로 종종 신뢰성이 떨어진다고 지적된다. 이 데이터도 이런 문제에서 자유로울 수 없지만, 영역을 세분화하고(940셀) 신빙성이 부족한 응답(응답 시간이 극단적으로 짧거나 논리적 모순이 있는 응답)을 제거해 데이터의 질을 높이도록 최대한 노력을 기울였다.

한계가 분명히 있지만, 다음과 같은 측면에서 이 LSW 데이터는 큰 의의가 있다.

첫째, 여기서 사용된 조사표는 펠리티와 안다가 ACE 조사에서 사용한 항목과 유사한 질문 항목을 채택했다. 그러나 펠리티와 안다는 수감된 가족이 있는가를 항목으로 채택했지만, 일본에서는 수감률이 매우 낮으므로 채택하지 않았다. 대신 다른 선행 연구를 참고해 '부모의 사망'을 ACE 항목에 추가했다. 일본에서 이 정도로 상세한

LSW 데이터에 포함된 ACE 항목

18세가 되기 전에 다음과 같은 경험을 한 적이 있습니까? (복수 체크 가능)	
부모 또는 함께 사는 성인이 물건을 던지거나 세게 때렸다.	신체적 학대
부모 또는 함께 사는 성인이 상처 되는 말을 하거나 모욕감을 주었다.	정서적 학대
부모 또는 다섯 살 이상 많은 사람이 나에게 성적 행위를 했다.	성적 학대
부모가 필요한 것(식사, 생필품, 아플 때 병원에 데려가는 것 등)을 제공하지 않은 적이 있다.	신체적 방임
가족 중 아무도 나를 소중하게 여기지 않는다고 느꼈다.	정서적 방임
부모가 별거하거나 이혼했다.	부모와의 이별
부모가 사망했다.	부모의 사망
엄마가 아빠 또는 파트너에게 폭력을 당했다.	엄마가 당한 폭력
가족 또는 함께 사는 사람 중에 알코올 문제가 있거나 위법 약물을 복용했던 사람이 있다.	가족의 알코올·약물 남용
가족 또는 함께 사는 사람 중에 우울증 등 정신 질환이 있거나 자살·자살 시도를 했던 사람이 있다.	가족의 정신 질환·자살

ACE 항목을 조사한, 이차적 활용이 가능한 전국 조사 데이터는 지금까지 없었다.

둘째, 온라인 조사라서 ACE라는 매우 민감한 문제에 대한 응답을 얻을 수 있었다. 방문 조사나 우편 조사는 부담을 주거나 함께 사는 가족에게 들킬 수 있어 ACE 항목에 제대로 응답하기가 어려울 것이다.

셋째, 학력, 고용 상태, 소득이라는 사회과학 분야에서 자주 쓰이는 사회경제적 지위 항목을 포함했다. 그 결과 ACE와 성인기 사회경제적 지위의 연관성을 알아낼 수 있었다. 이 조사 데이터는 정부 통계와 비교하면 대졸자의 응답이 다소 많은 경향이 있다. 다만 소득이나 배우자 부분은 정부 통계와 분포가 거의 일치한다.

넷째, 무엇보다도 2만 명이라는 대규모 표본 분석이 가능하다는 점이 중요하다. 2만 명 중 매트릭스 형식의 모든 질문 항목에 동일값으로 응답해 신빙성이 부족한 표본(35명)은 제거했다.

이어서 LSW 데이터 분석 결과를 상세히 들여다본다.

ACE 점수 분포

우선 얼마나 많은 사람이 ACE를 경험하는지 확인해 보자. ACE 각 항목에 ○을 체크한 사람 수와 그 비율을 나타낸 그래프를 보면 가장 높은 항목은 신체적 학대(24%), 가장 낮은 항목은 성적 학대(1%)다.

각 ACE 항목의 응답 분포

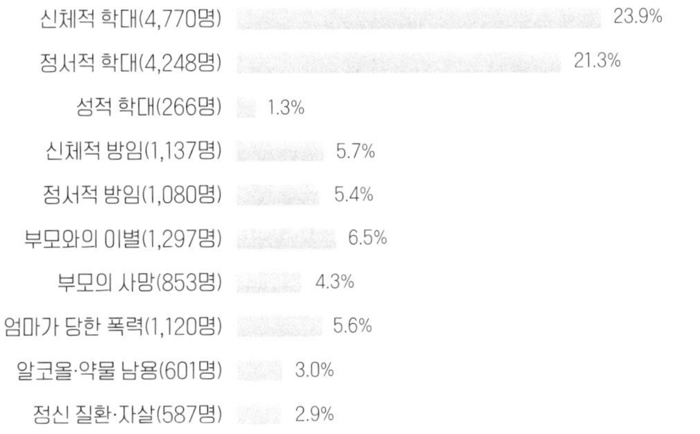

(n=19,965)

각 ACE 점수 분포

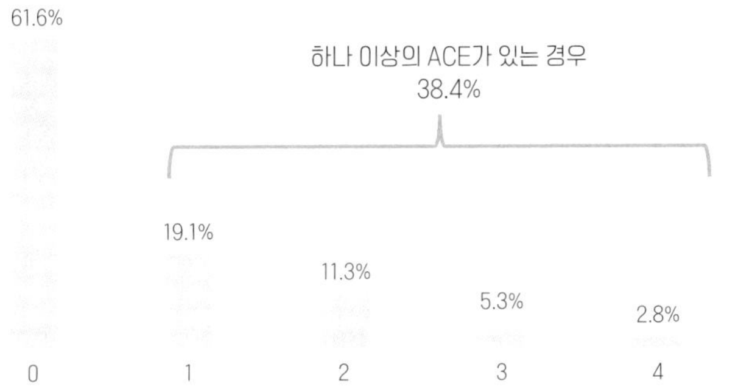

(n=19,965)

ACE 점수 분포를 보면 ACE 점수가 0인 사람은 약 62%, 1 이상인 사람은 약 38%다. 더 자세히 살펴보면 1인 사람은 약 19%, 2인 사람은 약 11%, 3 이상인 사람은 약 5%다. 4 이상은 비교적 적지만 그래도 약 3%(557명)를 차지한다.

미국에서 펠리티와 안다가 독자적으로 실시한 ACE 조사에서는 대상자 중 64%가 하나 이상의 ACE를 경험했다. 이 결과와 비교하면 일본의 ACE 경험률(하나 이상의 ACE가 있는 비율)은 26% 낮다. 하지만 그렇다 해도 세 명 중 한 명 이상이 어린 시절에 어떤 식으로든 부정적 경험을 했다고 할 수 있다.

ACE 경험률을 성별로 나누어 보면 남성은 37%, 여성은 44%였다. 여성이 7% 정도 높다(1% 수준의 유의차).

여성이 ACE 노출에 더 취약한 사회구조에 원인이 있는 것인지, 여성이 ACE 경험을 상대적으로 더 많이 밝히는 것인지, 아니면 ACE를 경험한 여성이 조사에 쉽게 응해주는 편인지 그 이유는 특정할 수 없다. 어쨌든 이 데이터에서 ACE 생존자 중 여성 비율이 높다는 점에 유의해야 한다.

ACE가 하나 이상 있는 사람들의 각 ACE 항목 경험률 (%)

	ACE 점수			
	1 (3,805명)	2 (2,256명)	3 (1,058명)	4+ (557명)
신체적 학대	36.7	73.5	80.5	87.8
정서적 학대	21.6	72.7	83.6	93.9
성적 학대	0.7	2.0	5.3	6.6
신체적 방임	3.9	8.1	24.9	45.6
정서적 방임	3.6	7.9	22.9	44.2
부모와의 이별	11.9	10.5	22.6	33.6
부모의 사망	12.3	6.3	11.2	10.2
엄마가 당하는 폭력	3.2	9.1	27.7	44.3
알코올·약물 남용	3.0	4.6	11.5	16.9
정신 질환·자살	3.1	5.3	9.9	16.9

ACE 점수가 1 이상인 사람이 체크한 ACE 항목을 보여준다. 예를 들면, ACE 점수가 1인 사람 중 약 37%는 신체적 학대를, 약 22%는 정서적 학대를 받았다. 반면 4 이상인 사람 중 약 94%는 정서적 학대를, 88%는 신체적 학대를 받았으며, 신체적 방임(46%), 정서적 방임(44%), 엄마가 폭행당하는 모습을 목격한 경험(44%)이 그 뒤를 따른다.

즉 이번 조사 데이터에서 파악된 ACE 생존자, 그중에서도 부정적 경험이 여럿 중복된 사람은 주로 정서적, 신체적 학대 피해자라고 할 수 있다.

ACE와 건강 지표의 연관성

ACE와 심신의 건강 사이의 연관성은 2장에서 소개한 역학 연구에서도 명확히 드러났지만 LSW 데이터로 다시 한번 확인해 보자.

다음 표는 ACE 점수별로 질병에 취약하다, 중증 우울증·불안 장애가 있다, 자살 충동이 있었다(과거 1년 동안 '자살하고 싶다'고 생각한 적이 있다)에 해당하는 조정 오즈비를 보여준다.

그리고 이 분석 결과에서는 연령, 성별, 아동기의 빈곤(15세 때 빈곤했다/약간 빈곤했다), 비대졸자 아빠, 비대졸자 엄마의 영향은 제거했다. 그 이유는 뒤에서 자세히 설명한다.

ACE 점수가 4 이상인 사람은 0인 사람보다 '질병에 취

ACE 점수별 건강 악화의 조정 오즈비

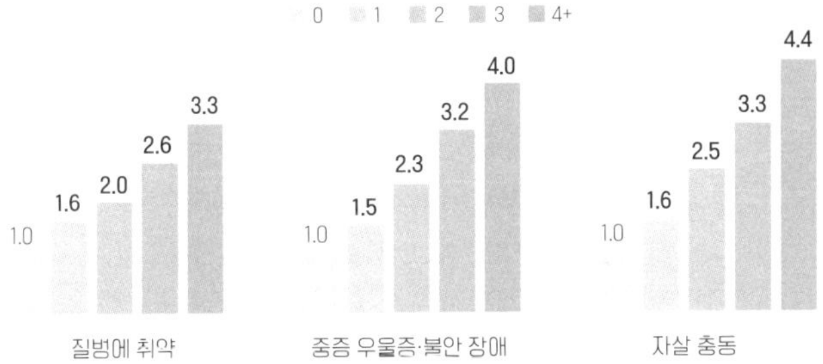

(연령·성별·아동기의 빈곤·비대졸자 아빠·비대졸자 엄마 변수 통제.
굵은 글씨는 5% 수준에서 유의미)

약'은 3.3배, '중증 우울증·불안 장애'는 4배, '자살 충동이 있다'는 4.4배 높은 확률을 보여준다.

ACE 점수가 높아짐에 따라 조정 오즈비의 값도 확연히 높아졌다. ACE와 건강 악화의 '용량 반응 관계'가 뚜렷하게 보인다. 심신의 건강 악화를 대략 파악한 것이지만, 부정적 경험을 더 많이 겪은 ACE 생존자는 신체적 질병, 우울증·불안 증상, 자살 충동 속에서 살고 있을 가능성이 크다는 점이 LSW 데이터를 통해 드러났다. LSW 데이터에서 ACE와 자살 충동의 연관성을 면밀하게 검증한 미타니의 연구 자료(2022)[13]도 참조하면 좋다.

ACE 생존자의 사회경제적 지위

태어나 자란 가정이 빈곤한지, 부모가 대학을
졸업했는지와 무관하게, 즉 출신 계층의 영향을
배제해도, 복합적인 ACE 경험이 어른이 된 후의
불안정한 사회경제적 지위로 이어질 가능성이 크다.

ACE 점수별 학력, 취업, 소득

이제 ACE와 성인이 된 후 사회경제적 지위의 연관성을 살펴볼 차례다.

낮은 사회경제적 지위(SES) 지표인 중졸, 고졸, 실업(구직 중), 비정규 고용, 빈곤, 가구 연 소득 300만 엔 미만 비율을 ACE 점수별로 비교했다. 이 결과를 전체, 남성, 여성으로 나누어 보여준다.

ACE 점수가 4 이상인 사람은 0인 사람보다 중졸 비율과 실업 비율이 약 2배 높다. 고졸 비율과 '가구 연 소득 300만 엔 미만 비율'이 10% 이상 높고, 비정규 고용 비율

ACE 점수별 각 사회경제적 지위 항목 비율

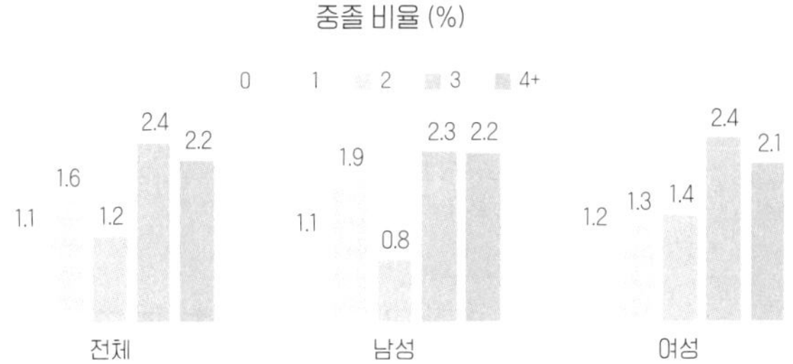

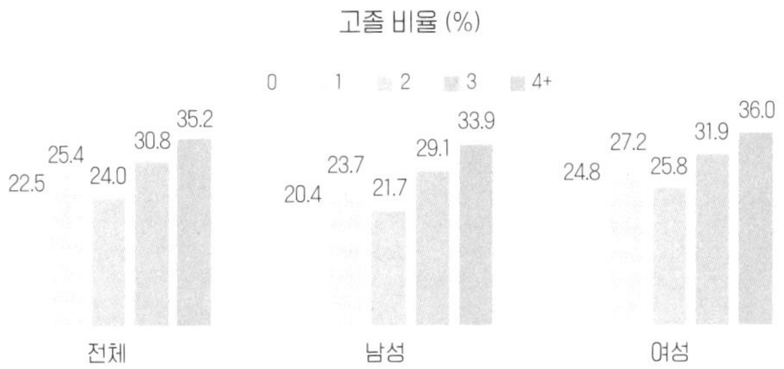

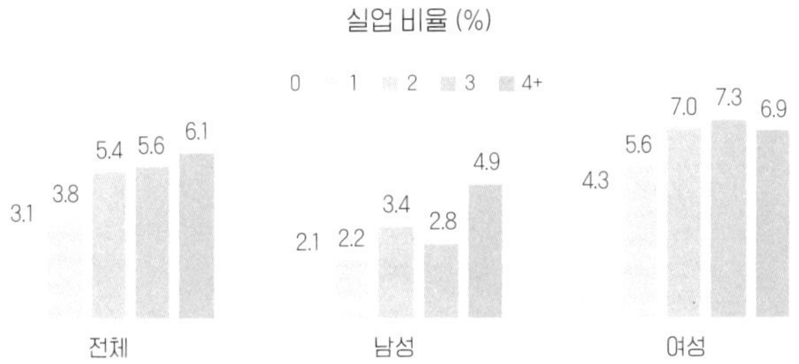

비정규 고용 비율 (%)

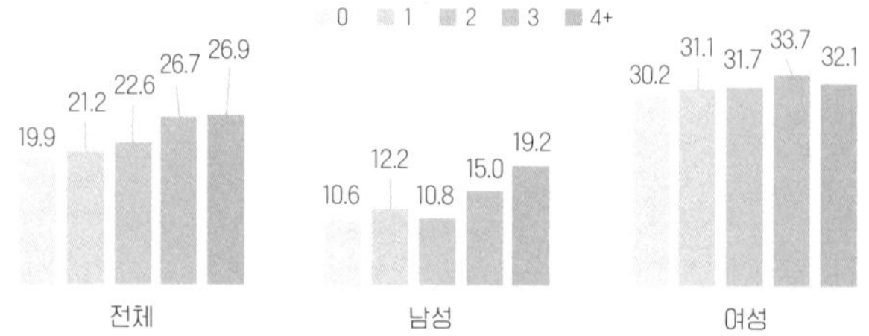

빈곤 비율 (%)

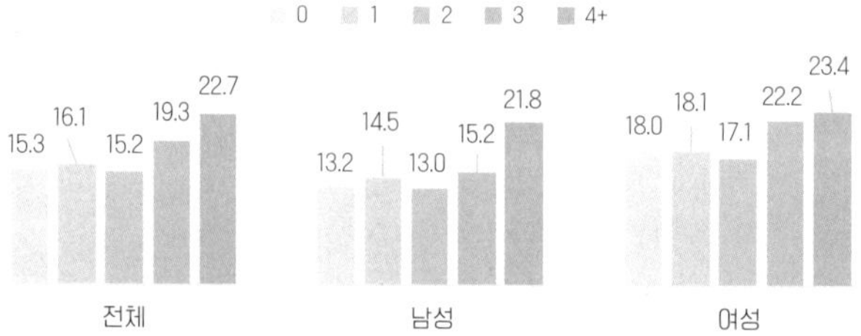

가구 연 소득 300만 엔 미만 비율 (%)

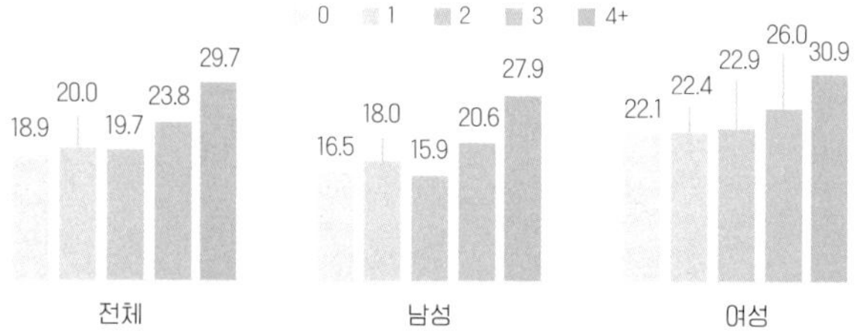

과 빈곤 비율은 7% 정도 높다. 즉 일본의 전국 조사 데이터에서도 여러 종류의 부정적 경험을 지닌 ACE 생존자는 저학력, 실업, 비정규 고용, 빈곤 그리고 저소득 확률이 높아진다.

출신 계층의 영향일까? ACE의 영향일까?

ACE와 성인이 된 후의 낮은 사회경제적 지위는 연관성이 있어 보인다. 그런데 앞서 설명한 '출신 가정의 낮은 사회경제적 지위 가설'에 따르면 출신 가정의 계층적 요인이 영향을 미칠 가능성도 있다.

다음 그래프는 ACE 점수별 아동기의 빈곤, 비대졸 아빠, 비대졸 엄마의 비율이다. 여기서는 15세 당시 집안 형편을 묻는 말에 '빈곤했다' 또는 '약간 빈곤했다'라고 응답하는 것을 '아동기의 빈곤'으로 분류한다. 또 부모의 학력이 중졸이나 고졸이라고 응답하는 것을 비대졸 아빠, 비대졸 엄마로 분류한다.

다음 그래프를 보면 ACE 점수가 높아질수록 아동기에

ACE 점수별 아동기 빈곤·비대졸 부모의 비율 (%)

(n=19,965. p<0.1)

빈곤하게 생활했다고 응답한 비율이 높은 것을 알 수 있다. 비대졸 아빠와 비대졸 엄마의 비율도 완만하긴 하지만 ACE 점수와 비례한다. 즉 ACE와 출신 가정의 낮은 사회경제적 지위는 동시에 나타나기 쉬운 현상이라고 할 수 있다. ACE가 미치는 영향에 출신 계층의 영향이 적잖이 섞였을 가능성이 있다.

출신 계층의 영향을 제거한 다음 ACE의 직접적인 영향을 살펴보자. 앞서 학력, 고용 형태, 소득 등 낮은 사회경제적 지위의 지표에 해당하는 사람의 비율을 확인했다. ACE와 사회경제적 지위의 연관성은 출신 계층 등 다른 요인의 영향에서 비롯된 '허위 상관'일 가능성도 있다. 이 가능성을 최대한 배제하기 위해 다변량 분석(다수

ACE 점수별 사회경제적 지위의 조정 오즈비

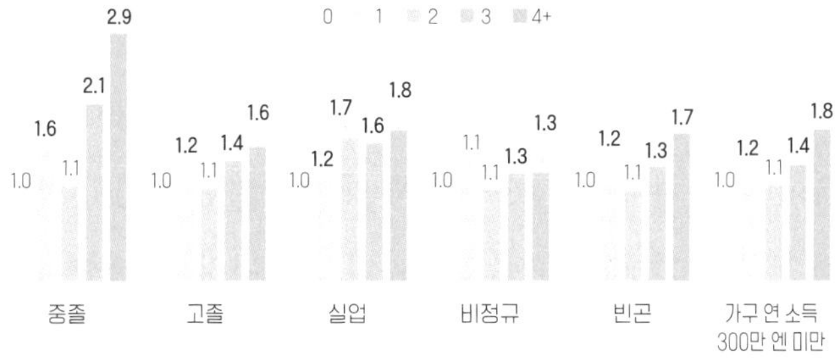

(연령·성별·아동기 빈곤·비대졸 아빠·비대졸 엄마 변수 통제. 굵은 글씨는 5% 수준으로 유의미)

의 측정치를 동시에 분석하여 여러 변량 사이의 상호 의존 관계나 종속 관계를 해석하는 통계 방법)으로 ACE의 영향의 정도를 산출했다.

위의 그래프는 성인이 된 후 낮은 사회경제적 지위의 지표를 종속변수로 설정한 로지스틱 회귀분석의 추정 결과다. 로지스틱 회귀분석은 2진 변수(두 개의 값만 취하는 변수)의 발생확률에 영향을 미친다고 추정되는 여러 요인이 각각 얼마나 독립적으로 규정하는지 분석하는 통계 기법이다.

그래프를 보면, ACE 점수가 4 이상인 사람은 0인 사람보다 중졸은 2.9배, 고졸은 1.6배, 실업은 1.8배, 비정규 고용은 1.3배, 빈곤은 1.7배, '가구 연 소득 300만 엔 미만'은 1.8배 확률이 높았다.

중요한 점은 이 수치가 출신 계층의 영향을 배제한 다음에 나온 결과라는 것이다. 즉 태어나 자란 가정이 빈곤한지, 부모가 대학을 졸업했는지와 무관하게, 복합적인 ACE 경험이 어른이 된 후의 불안정한 사회경제적 지위로 이어질 가능성이 크다는 의미다. ACE 생존자는 고등교육기관에서 지식과 기술을 배울 기회를 놓치고 안정된 일자리를 구하기 어려워져 평생 경제적 여유를 얻지 못할 가능성이 크다.

그렇다면 왜 ACE 생존자는 경제적으로 낮은 계층이 될 가능성이 큰 걸까? 이 질문에 대해서는 앞에 나온 '젊은 ACE 생존자의 불리 가설' 등으로 설명할 수 있다. ACE와 성인기의 사회경제적 지위의 연관성을 매개하는 메커니즘을 엄밀하게 검증하려면, 현재 ACE가 있는 아이들이 학교에서 어떻게 지내고 진로를 정하며, 또 어떻게 사회인으로 살고 있는지 그 과정을 순차적으로 추적 조사해 자세히 들여다봐야 한다. ACE 생존자에 관한 이러한 종단 조사는 쉬운 일이 아니지만, 이들의 고단한 인생의 메커니즘을 알기 위해서 향후 꼭 해야 할 연구다.

또 6장에 소개한 ACE 생존자 당사자의 회고를 통한 생활사 조사에서 그 과정의 일부를 탐구할 수도 있다. 이들이 불안정한 사회경제적 지위에 도달하기까지의 과정을 해석하는 작업은, 과거에 어떤 부정적 경험이 있었든 인생의 기회를 얻는 것이 가능한, 건강한 사회를 만들기 위해 꼭 필요하다.

다음 장에서는 ACE와 성인기 인간관계의 연관성을 다룬다. ACE 생존자가 느끼는 대인관계의 어려움과 타인과의 교류 실태를 검토하여 ACE의 장기적 영향을 더욱 다면적으로 살펴본다.

4

인간관계에 미치는 영향

대인관계의 어려움

아동기 트라우마 경험, ACE는 애착 형성을
인생의 과제로 남긴다. 애착의 대상이 되는
양육자(안전기지)가 있으면 다른 사람들
속에서도 안도감과 자신감을 느낀다.

ACE 생존자의 트라우마 장애

앞에서 ACE 생존자는 성인이 되고 나서도 몸과 마음의 건강이 나빠지고, 취약한 사회경제적 지위에 놓일 가능성이 크다는 연구 결과를 소개했다. 게다가 ACE 생존자는 인간관계를 형성하는 데도 어려움을 겪는다는 것이 밝혀졌다.

이 어려움은 트라우마와 관련된다. 트라우마란 어떤 충격적인 경험으로 생긴 '마음의 상처'다. '심리적 외상'이라고도 한다.

미국의 정신과 의사 주디스 허먼은 트라우마를 일으킨

사건은 이 세상을 살아가는 데 전제가 되는 '안전하다'는 감각, 즉 '기본 신뢰'를 파괴하고 일차적 인간관계에 타격을 입힌다고 설명한다.[1]

사고나 큰 재난같이 비일상적 사건뿐만 아니라 일상적인 경험이 트라우마가 되기도 한다. 부모의 폭력, 폭언, 방임이나 부모의 이혼, 아이가 보는 앞에서 벌어지는 부부간 폭력, 의존증이나 정신 질환처럼 일상적으로 노출되는 부정적 경험이 트라우마가 되어, 이후 ACE 생존자에게 다양한 트라우마 증상을 일으킬 수 있다.

미국의 정신과 의사 베셀 반 데어 콜크(Bessel van der kolk)는 장기간 ACE를 경험한 아이의 증상을 '발달성 트라우마 장애'라는 개념으로 설명한다. 주요 증상은 다음과 같다.[2]

1. 감정적·생리적 조절 부전

예) 두려움, 분노, 수치심 등의 감정을 조절하지 못한다. 수면·섭식·배설에 어려움이 생기거나 접촉과 소리에 과민하게 또는 둔감하게 반응한다. 자신의 감각·감정·신체 상태에 자각이 부족하거나 해리된다. 자신의 감정이나 신체 상태를 설명하지 못한다.

2. 주의 및 행동 조절 부전

예) 위협에 사로잡히거나 위협을 적절하게 지각하지 못한다. 위험한 행동이나 스릴을 추구하고 자신을 방어하지 못한다. 몸을 흔들어 움직이거나(rocking) 충동적 자위행위, 자해 행위가 관찰된다.

3. 자기 조절 부전과 대인관계 조절 부전

예) 부정적 자기 감각(자기혐오·무력감·자기 자신을 무가치하게 여기는 감각)이 있다. 양육자 또는 성인, 친구를 향한 신체적 공격 또는 언어폭력이 관찰된다. 친밀한 접촉을 원해서 부적절한 시도를 하거나 과잉 의존한다. 다른 사람의 고민에 대한 공감과 관용이 부족하다.

이 증상은 일반적인 외상 후 스트레스 장애의 증상과 겹치지 않아 복수의 진단명이 나오는 경우가 많았기에 임상심리사들은 이에 따른 폐해를 지적해왔다. 그래서 이를 한 덩어리의 병리로 이해하는 것이 바람직하다고 생각한 데어 콜크가 '발달성 트라우마 장애'라는 진단명을 주장했다.

이 '발달성 트라우마 장애'는 현재 정식 병명이 아니다. 세계적 진단 기준 중 하나로 미국 정신의학협회에서 발행하는 DSM-5(정신 질환 진단 및 통계 매뉴얼 제5판)에는 '발달성 트라우마 장애'가 없다. 그러나 국내외의 수많은 임상 심리사와 연구자는 ACE를 겪은 아이와 성인이 보이는 독특한 임상적 특징을 인식하고 있는 것으로 보인다.

정신과 의사 스기야마 도시로(杉山登志郎)는 2000년대부터 학대 피해 아동을 '제4의 발달장애'로 지정하자고 주장해 왔다.[3] 스기야마에 따르면 '제4의 발달장애'로 분류되는 학대 피해 아동은 유아기에 애착 문제, 발육 부진, 행동 과잉의 경향이 있고, 학령기(만 6세에서 12세)에는 행동 과잉 장애와 해리 증상이 서서히 발현되며, 청년기가 되어서는 해리성 장애 및 비행, 우울증 그리고 결국 복합 외상 후 스트레스 장애로 임상적 특징이 바뀌어 간다고 설명했다. 범주화된 진단 범위를 넘어 광범위한 임상적 특징이 관찰된다는 점에서 '발달성 트라우마 장애'를 보는 관점과 겹치는 부분이 있다.

스기야마가 학대 피해 아동이 결국에는 겪게 된다고 지적한 '복합 외상 후 스트레스 장애'는 최근 주목받고 있는 질환이다. 세계보건기구(WHO)에서 지정하는 질병 분류(ICD)가 30년 만에 개정되면서 2022년 1월 1일 ICD-11(11차 국제 질병 분류)이 발효되었다. 그리고 이 ICD-11

복합 외상 후 스트레스 장애의 증상

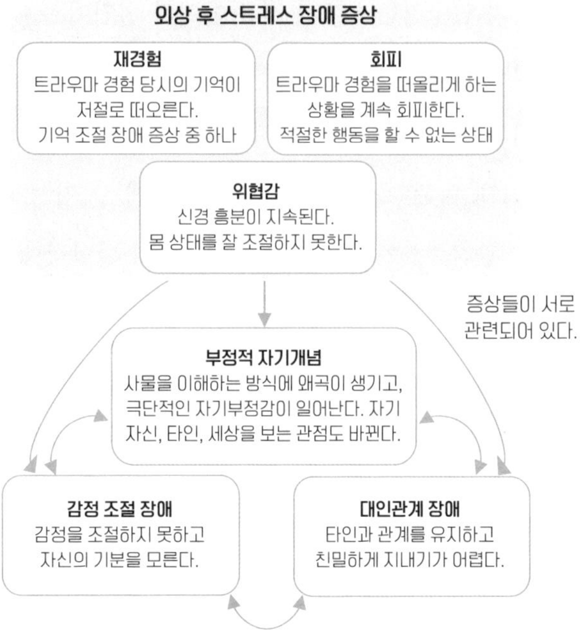

(白川 (2019 : 12-13)을 바탕으로 작성)

에 '복합 외상 후 스트레스 장애(complex post-traumatic stress disorder: CPTSD)'가 이번에 추가됐다.

'외상 후 스트레스 장애'는 대규모 재난, 강간 등 일시적 공포 경험에서 기인하는 장애로 분류되는 반면, '복합 외상 후 스트레스 장애'는 도망치지 못하는 상황에서 트라우마 경험이 장기간 반복될 때 나타나는 장애로 분류된다.

ICD-11에는 복합 외상 후 스트레스 장애를 유발하는 트라우마 사례로 아동기의 학대·방임, 가정 내 폭력 등 전형적인 ACE가 실려 있으며 ACE가 원인이 되어 정신적 문제가 생긴 상태를 '복합 외상 후 스트레스 장애'라고 정의한다.

복합 외상 후 스트레스 장애의 진단은 외상 후 스트레스 장애의 모든 진단 요건(트라우마 재경험, 트라우마 상기 회피, 위협감)에 감정 조절 장애, 부정적 자기개념, 대인관계 장애 중 적어도 하나 이상의 증상이 추가로 관찰되고, 생체 기능에 장애가 동반될 때다. 왼쪽 표에 나온 증상들은 서로 영향을 끼치며 인생을 고통으로 몰고 간다.

애착 형성의 어려움

어린 시절의 트라우마 경험, ACE는 애착 형성을 인생의 과제로 남긴다고 알려져 있다.

애착(attachment)이란 아이가 태어난 직후부터 주 양육자(대체로 엄마)와 본능적으로 형성하는 정서적 연결을 말한다. 영국의 아동 정신과 의사 존 볼비는 아이가 양육자에게 보호받길 바라는 성향이 식욕과 다름없는 본능적인 욕구에 기초한다는 애착 이론을 주장했다.

어린아이는 보통 불안이나 공포를 느낄 때 양육자가 어디에 있는지 눈으로 확인하고 울음을 터뜨려 관심을 끈 다음 양육자에게 달려가 매달린다. 이를 '애착 행동'이라고 한다. 양육자의 수용은 아이의 불안과 공포를 잠재우고 정서적 안정을 회복시킨다.

이러한 애착 행동은 아이가 발달하면서 점점 줄어든다. 애착 대상인 양육자의 이미지가 마음속에 계속 남아있기 때문이다. 불안과 공포가 몰려오거나 양육자가 곁에 없어도 충족감을 주는 애착 대상의 이미지를 떠올리면 안도감을 되찾을 수 있다.

볼비는 이 표상 모델을 '내적 작동 모델(internal working model)'이라고 했다. 이 모델은 타인과의 관계에 대한 이미지나 기대가 인간관계를 형성하는 기반이 된다고 보고 있다.

애착 이론을 바탕으로 실증적 연구를 발전시킨 인물

은 볼비의 제자이자 발달심리학자 메리 애인스워스(Mary Ainsworth)다. 그녀는 애착의 대상이 되는 양육자를 '안전기지(secure base)'라고 불렀다. 안전한 애착 관계를 형성한 아이는 '만일의 경우 도움을 요청할 수 있는' 마음의 안식처가 있으므로 지적인 탐구를 하거나 타인과 교류할 때 적극적이다. 양육자에게 직접 의지하지 않더라도 안전기지가 있으면 안도감과 자신감이 생긴다고 보았다.

나아가 그녀는 안전기지로서의 양육자의 태도와 자녀의 애착 유형에 어떤 연관성이 있는지 주목했다. 양육자와 자녀의 분리 및 재회, 낯선 타인이 등장하는 상황에서 유아의 반응을 관찰하는 낯선 상황 절차(SSP, The Strange Situation Procedure)라는 실험을 한 결과, 세 가지 애착 유형을 확인했다.

1. **B 유형(안정형)** 양육자가 사라지면 불안해하지만 다시 만나면 기뻐하고 가까이 다가가 안정감을 되찾는다. 양육자가 안전기지로서 기능한다.
2. **A 유형(불안정·회피형)** 양육자가 사라져도 불안해하지 않고 다시 만나도 가까이 다가가지 않는다. 양육자를 피하거나 무시한다.

3. **C 유형(불안정·저항형)** 양육자가 보이지 않으면 괴로워하다가 다시 만나면 분노를 표출한다.

자녀의 상황을 인지하고, 자녀의 요구에 즉각적으로 반응하는 양육자에게서 자란 경우, B 유형(안정형)이 많이 관찰되었다. 한편 자녀에 대한 관심이 부족한 양육자에게서 자란 경우에는 A 유형(불안정·회피형)이, 자녀에 대한 관심이나 반응이 일관되지 않은 양육자에게서 자란 경우에는 C 유형(불안정·저항형)이 많았다.

그런데 이후 A~C 유형에 속하지 않는 네 번째 애착 유형이 발견되었다.[4] 바로 D 유형이다.

4. **D 유형(무질서·무방향형)** 양육자와 다시 만났을 때 반응이 일관되지 않는다. 겁에 질리거나, 무시하거나, 양육자를 때리기도 한다. 가까이 다가가는 동시에 피하려는 부자연스럽고 어색한 태도를 보인다.

이 유형의 아이들은 A형, B형, C형으로 번갈아 바뀌며 애착 행동이 일정한 패턴으로 조직화되지 않고 방향성도 일정하지 않다.

중요한 것은 D 유형이 아동기에 부정적 경험이 있던 아이들에게서 많이 관찰되는 특징이라는 점이다. 양육자의 말과 행동에 아이가 겁에 질리거나 정신적으로 불안정해지면 애착 유형에 질서도 방향도 사라진다. 실제로 신체적 학대나 정서적 학대, 방임에 놓여 있는 생후 12개월 유아의 경우, D 유형(무질서·무방향형)이 82%에 달한다는 연구 결과가 보고된 바 있다.[5]

애착 장애의 두 가지 유형

애착 형성의 어려움이 정신 질환으로 진단될 때 '애착 장애(attachment disorder)'라고 한다. 발달 초기 단계에 부모 등의 양육자와 애착 형성이 되지 않아 적절한 인간관계를 형성하는 능력에 장애가 생긴 상태를 말한다. 일반적으로 5세 이전에 진단되며 크게 두 가지 유형으로 분류된다.

1. 애착 행동이 억제된 '억제형' → ICD-11에서는 '반응성 애착 장애'
2. 애착 행동이 억제되지 않는 '탈억제형' → ICD-11에서는 '탈억제성 사회적 유대감 장애'

'억제형' 아이는 불안과 공포감이 충분히 예상되는 상황에서도 애착 행동을 보이지 않는다. 게다가 안심시키기 위해 어른이 다가가려 해도 아이가 이를 거부하는 등 타인의 작용을 받아들이지 않는 경향도 있다.

한편 '탈억제형' 아이는 처음 보는 사람이어도 경계하지 않고 밀착하거나 관심을 끌기 위해 친근한 태도를 보이거나 친밀하게 행동한다. 이는 얼핏 애착 행동처럼 보이지만 그 어른이 눈앞에서 사라져도 개의치 않고 잊어버린다. 그 어른의 이미지가 아이의 마음속에 형성되어 있지 않기 때문이다.

이것은 기본적인 욕구가 충족되지 못하는 양육 환경에서 나타난다. 태어난 지 얼마 되지 않았을 때부터 극단적인 방임 상태에 놓인 아이에게서는 '억제형'의 특징이 많이 보이고, 방임과 학대를 받거나 양육자가 계속해서 바뀌는 등 애착이 부분적으로 형성된 아이에게서는 '탈억제

형' 특징이 두드러진다.[6]

이처럼 ACE를 겪고 있는 아이들은 인간관계의 기반이 되는, 특정 양육자와 애착을 형성하는 경험을 못 한 채 성장하게 된다. 마음을 기댈 '안전기지'가 없으므로 불안과 분노를 적절하게 처리하지 못하고 타인을 기본적으로 신뢰하지 않으며 조건 없이 사랑받은 경험이 부족해서 자존감과 자신감도 낮다.

유년기 불완전한 애착 형성으로 생긴 문제를 극복하려면 아이가 특정인을 신뢰하고 안정된 관계를 형성하는 경험이 필요하다. 오늘날에는 부모의 부재, 빈곤, 학대 등의 이유로 국가의 보호를 받는 아동들을 집단 시설보다는 친양자 입양(일반 입양과 달리 친부모와의 친자관계가 소멸되어 입양부모와 입양아가 부모와 자식으로서 완전한 권리와 의무를 갖는 입양 형태), 가정위탁, 그룹홈(소규모 가정형 보호시설) 같은 가정적인 환경에서 키우는 추세다. 이는 ACE 생존자 아이들의 '애착 재형성'을 목표로 삼고 있기 때문이라고 볼 수 있다.

ACE 생존자의 인간관계

고립 연구에서 성인의 가장 큰 지지자는 배우자다.
ACE 점수가 높으면 미혼, 이혼 확률이 커지므로
친밀한 지지를 얻기 어렵다. 친구나 동료들과
도움을 주고받는 관계를 형성하기도 쉽지 않다.

ACE 생존자의 연애, 결혼, 육아

ACE 생존자는 트라우마 증상이나 애착에 대한 과제를 안고 청년기, 장년기로 나아간다. 특히 연애, 결혼이나 임신, 출산, 육아라는 인생의 과제와 직면할 때 트라우마 증상이 심해지거나 인간관계에 대한 어려움을 느끼기 쉽다.[7]

예를 들어 좋아하는 사람이 생겼을 때 그 사람과 가까워지고 싶으면서도 상처받을까 봐 불안해하거나, 상대를 믿지 못해 거부하거나, 반대로 과도한 친밀감을 요구하는 불안정한 애착 패턴이 나타난다. 그러다가 연애에 실패하면 자기 부정감이 생기거나 인간관계가 어렵다고 단정하기도 한다.

임신과 출산, 육아를 할 때 원치 않아도 어릴 때 기억이 저절로 떠오른다. 학대당하던 기억이 되살아나 괴로워지거나 그런 일을 겪은 자신이 곧 부모가 된다는 생각에 불안해져 트라우마 증상이 악화되는 경우도 있다.

3장에 나온 LSW 데이터로 약 2만 명의 건강 상태와 사회경제적 지위뿐 아니라 주변 사람들과 어떻게 관계 맺고 교류하는지 파악할 수 있다. 여기서는 ACE 생존자의 전반적인 인간관계 경향을 통계 자료로 살펴본다.

ACE와 결혼, 연인의 존재

우선 결혼했는지 또 그 결혼이 현재 유지되고 있는지 확인해 보자.

다음 표는 ACE 점수별 혼인 상태 비율을 보여준다. 기혼(사실혼 포함), 미혼, 이혼(이혼하고 현재는 싱글), 사별(사별하고 현재는 싱글)에 해당하는 비율을 ACE 점수별로 비교했다. 또 기혼자를 제외한 사람들의 연인 유무 비율도 보

ACE 점수별 혼인 상태 (%)

	ACE 점수					
	0	1	2	3	4+	
기혼	62.3	60.8	59.4	53.6	49.9	**
미혼	30.0	30.3	31.1	35.3	37.2	**
이혼	6.1	7.5	8.6	8.9	11.3	**
사별	1.6	1.5	1.0	2.3	1.6	
				(n=19,965/ **p<.01)		
연인이 있다(기혼자 제외)	27.3	29.5	26.5	29.1	23.3	
					(n=7,810)	

여준다.

이 표에서는 ACE 점수가 높아짐에 따라 기혼 비율은 낮아진다.

예를 들면 ACE 점수가 0인 사람 중 62%는 배우자가 있는데, 4 이상인 사람은 50%에 그쳤다. 반면 미혼과 이혼 비율은 ACE 점수가 높아짐에 따라 함께 증가한다. ACE 점수가 0인 사람 중 미혼 비율은 30%이나, 4 이상에서는 37%다. 또 ACE 점수가 0인 사람 중 이혼 비율은 6%이나, 4 이상에서는 11%였다.

이 ACE 점수에 따른 기혼, 미혼, 이혼 비율 차이는 통계학적으로 무시할 수 없는 수준이다. 부정적 경험이 더 많은 ACE 생존자일수록 미혼 상태이거나, 결혼해도 이혼할 가능성이 큰 경향을 엿볼 수 있다.

참고로 사별과 '연인이 있다'의 비율은 ACE 점수에 따라 유의미한 차이가 발생했다고 볼 수 없다. 다만 ACE 점수가 4 이상인 사람(기혼자 제외) 중 연인이 있는 비율은 23%로 다른 집단보다 낮은 수치다.

다음 그림은 ACE 점수별로 기혼, 미혼, 이혼에 해당하는 조정 오즈비를 보여준다. ACE 점수가 0인 사람과 비교해 4 이상인 사람은 미혼은 1.3배, 이별은 1.9배 확률이 높게 나왔다. 기혼에서는 ACE 점수가 4 이상인 사람은 0인 사람보다 조정 오즈비가 30% 낮다. 부정적 경험이 누적된 ACE 생존자는 미혼이 될 확률이 높고, 결혼해도 이혼할 확률이 높다고 볼 수 있다.

어렸을 때 학대, 방임을 겪었거나, 문제가 있는 가정에서 자란 ACE 생존자는 새로운 가족을 형성하는 데 소극적으로 행동하거나, 새로운 가족을 만들더라도 ACE의 어떤 영향 때문에 배우자와의 관계를 계속 유지하기 어려

ACE 점수별 혼인 상태의 조정 오즈비

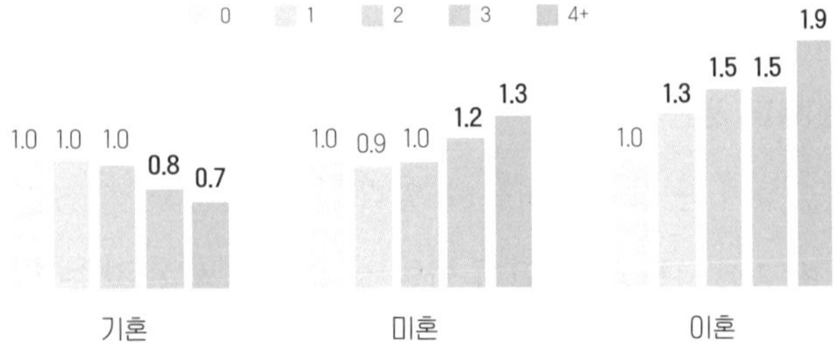

(연령·성별·아동기 빈곤·비대졸자 아빠·비대졸자 엄마 변수 통제.
굵은 글씨는 5% 수준에서 유의미)

울지도 모른다. 여기에는 앞서 설명한 트라우마 증상이나 애착 문제가 관련되어 있을 가능성이 있다.

ACE와 사회적 고립

그렇다면 ACE 생존자에게 힘든 일이 생겼을 때 주변에 도움을 받을 수 있는 인간관계가 있을까? 나는 과거에 발표한 논문에서 유년기에 겪은 신체적 학대나 방임이 현재의 사회적 고립에 영향을 미친다고 논했다.[8]

여기서는 ACE 점수와 사회적 고립(힘들 때 의지할 수 있는

ACE 점수별 '의지할 사람이 없었다'의 비율 (%)

	ACE 점수					
	0	1	2	3	4+	
고민이나 심리적인 문제가 생겼을 때	16.2	21.8	24.7	29.2	33.8	**
경제적 문제가 생겼을 때	14.6	17.9	20.1	25.2	31.1	**
가사·육아·돌봄 일손이 부족할 때	12.0	14.5	15.0	18.6	23.2	**
내가 잘 모르는 것에 관한 정보가 필요할 때	15.0	17.0	19.6	22.1	26.0	**
자신의 행동이 올바르게 평가받고 인정받길 바랄 때	17.9	22.0	25.9	30.0	36.6	**

(n=19,965. **p<.01)

사람이 없는 상태)의 연관성을 살펴본다.

위의 표는 조사 시점부터 과거 1년 동안, 지원이나 고민 상담이 필요한 상황에서 '의지할 사람이 없었다'라고 응답한 비율을 ACE 점수별로 보여준다.

응답 선택지는 각 상황에 대해 '의지했다'(배우자, 함께 사는 가족, 따로 사는 가족, 연인, 이웃, 직장 동료, 친구·지인, 공무원이나 사회복지 전문가, 온라인이나 SNS에서만 교류하는 사람 등. 복수 응답 가능), '그러한 상황을 경험하지 않았다', '의지할 수 있는 사람이 없었다' 중 한 가지를 고르는 형식이다.

이 조사에서 설정한 다섯 가지 상황은 다섯 가지 종류의 사회적 지지[9]에 대응한다. 각 상황에 따라 타인에게 받은 지지의 질을 다면적으로 알아본다.

고민이나 심리적 문제 → 정서적 지지

경제적 문제 → 재정적 지원(도구적 지지 ①)

일손이 부족하다 → 실천적 지원(도구적 지지 ②)

정보가 필요하다 → 조언(정보적 지지)

인정받길 원하다 → 피드백(평가적 지지)

다섯 가지 상황에서 모두 ACE 점수가 높을수록 '의지할 수 있는 사람이 없었다'고 응답한 비율이 높다. ACE 점수가 4 이상인 사람은 0인 사람과 비교해 그 비율이 약 두 배에 달했다. 또한 ACE 점수가 4 이상일 때 세 명 중 한 명(34%)은 고민이나 심리적 문제가 있어도 주변에 의지할 수 있는 사람이 한 명도 없는 상태임을 알 수 있다.

여기서도 '의지할 수 있는 사람이 없었다'는 상황이 될 가능성이 얼마나 큰지 ACE 점수별 조정 오즈비로 확인해 보자.

ACE 점수가 4 이상인 사람은 0인 사람보다

- ‘고민이나 심리적 문제가 생겼을 때’ 의지할 사람이 없는 확률은 2.7배
- ‘경제적 문제가 생겼을 때’ 의지할 사람이 없는 확률은 2.8배
- ‘가사·육아·돌봄 일손이 부족할 때’ 의지할 사람이 없는 확률은 2.4배
- ‘내가 잘 모르는 것에 관한 정보가 필요할 때’ 의지할 사람이 없는 확률은 2.5배
- ‘자신의 행동이 올바르게 평가받고 인정받길 원할 때’ 의지할 사람이 없는 확률은 2.7배 높다.

어느 항목에서든 두 배 이상 차이가 나서 관련성이 뚜렷하다고 볼 수 있다.

전체적으로 ACE 점수가 높아질수록 ‘의지할 사람이 없을’ 위험이 커지는 경향은 분명하다. 즉 ACE 점수가 높아지면 사회적으로 고립될 위험이 커진다는 ‘용량 반응 관계’가 인정된다.

고립 연구를 보면 성인의 가장 큰 지지자는 배우자임을 알 수 있다.[10] 앞서 살펴보았듯 ACE 점수가 높으면 미혼,

ACE 점수별 '의지할 사람이 없었다'의 조정 오즈비

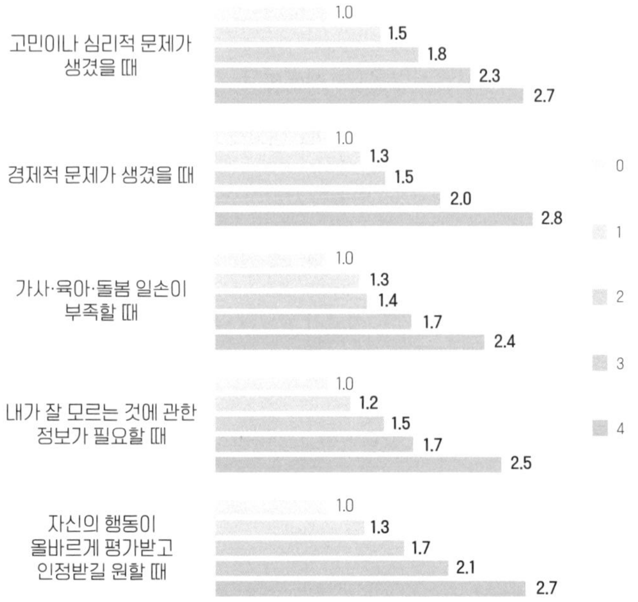

(연령·성별·아동기 빈곤·비대졸자 아빠·비대졸자 엄마 변수 통제. 굵은 글씨는 5% 수준에서 유의미)

이혼 확률이 커지므로 친밀한 지지를 얻기 어려울 것으로 추정할 수 있다. ACE 생존자는 자신을 낳고 길러준 친부모와 소원해지기 쉬운 탓에 본가에 의지하기도 어렵다. 이를 대신할 친구나 동료가 있으면 다행이지만 트라우마 증상이나 불안정한 애착 유형이 있는 경우, 도움을 주고

받는 대인관계를 형성하거나 커뮤니티에 소속되는 데에도 진입장벽이 높다.

ACE 생존자 상당수는 일상에서 힘든 상황과 직면했을 때조차 주변에 의지할 사람이 없어 혼자서 문제를 끌어안는 실태가 수면 위로 떠오르고 있다.

세대에서 세대로 연쇄되는 ACE

부적절한 양육은 반드시 대를 이어 연쇄되는가?
LSW 데이터에서 ACE 생존자로서 부모가 된
사람 중 학대·방임이 관찰된 비율은 약 61%다.
약 40%는 부정적인 연쇄를 끊어낸 것이다.

ACE 생존자의 육아

ACE 생존자는 미혼으로 지내거나 이혼하는 경향이 높다는 것을 앞에서 살펴보았다. 한편 ACE 점수가 4 이상인 사람이어도 약 절반은 결혼한 상태다. 이중 상당수는 아이를 키우고 있을 것이다.

그렇다면 ACE 생존자는 육아에서 어떤 어려움을 겪을까?

ACE 생존자의 육아에 관한 연구는 많지 않지만, 그 실태를 파악하기 위한 연구들이 보고되고 있다. ACE 점수가 높은 부모는 육아 스트레스나 어려움을[11] 많이 느끼고,

신체적 학대·정서적 학대·방임 같은 부적절한 양육[12] 가능성이 크다고 밝혀졌다.

다만 이 연구는 조사 대상자가 저소득 흑인 여성, 시설 입소자 등에 치우쳐 있어 일반화하기 어렵다는 한계가 있다.

나는 특수 집단이 아닌 일본의 일반 가정에서 아이를 키우는 부모를 대상으로 ACE와 부적절한 양육에 어떤 연관성이 있는지 살펴보았다.[13]

구체적으로는 고치현에 있는 모든 초등학교 1학년, 5학년, 중학교 2학년, 고등학교 2학년 보호자를 대상으로 2016년 실시한 '고치현 아동의 생활 실태 조사' 데이터를 이용했다.[14] 이들 보호자 중 특히 엄마의 ACE 점수가 부적절한 자녀 양육(신체적 학대·정서적 학대·방임)에 미치는 영향을 알아보았다. 데이터에는 엄마 외의 보호자 응답도 일부 포함되었지만, 분석 대상을 통일하기 위해 엄마로 한정했다.

그 결과가 다음 그래프다. 엄마의 ACE 점수가 높아짐에 따라 신체적 학대(몸을 손바닥 등으로 때린다, 주먹으로 때린다), 정서적 학대(고함치며 혼낸다, 상처 주는 말을 반복한다, 아이가

ACE 점수별 부적절한 양육의 조정 오즈비

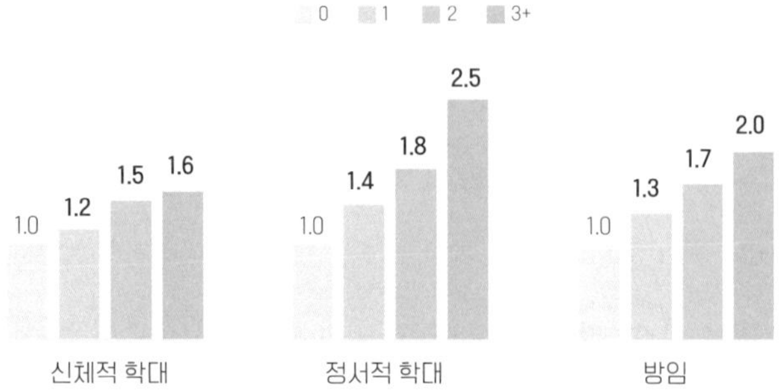

(n=11,954. 엄마의 연령·자녀의 성별·자녀의 학년·혼인 상태·자녀의 수·엄마의 출신 사회경제적 지위 변수 통제. 굵은 글씨는 5% 수준에서 유의미. Mitani (2022)를 바탕으로 작성)

보는 앞에서 크게 다툰다), 방임(집 밖으로 내쫓는다, 식사를 챙겨주지 않는다, 아이를 두고 외출한다) 발생 가능성이 커진다.

예를 들면 ACE 점수가 3 이상인 엄마는 0인 엄마보다 신체적 학대는 1.6배, 정서적 학대는 2.5배, 방임은 2배나 발생할 확률이 높다.

부적절한 양육을 겪은 자녀 관점에서 그 피해는 부정적 경험, ACE 그 자체다. 조사 대상인 일본의 일반 가정 엄마의 수 약 1만 2,000명이라는 대규모 집단에서, 부정적 경험이 다음 세대의 부정적 경험을 또다시 낳는 현상, 즉 '부정적 경험의 연쇄'가 현실에서 정말로 일어나고 있음이 안타깝게도 실제로 증명되었다고 할 수 있다.

이 논문에서는 ACE 점수와 부적절한 자녀 양육 사이에 어떤 매개 요인이 있는지도 확인되었다. 즉 둘의 연관성이 다른 요인으로 어디까지 설명되는지를 '매개 분석'이라는 기법으로 검토했다.

다음 그림은 이 매개 분석의 주요 결과다. 위의 그림을 보면 엄마의 ACE가 부적절한 자녀 양육에 미치는 영향 중 32%는 엄마의 심리적 디스트레스(distress, 우울증이나 불안 증상)로 설명된다. 아래 그림에서는 18%가 엄마의 성인기 사회경제적 지위(특히 경제적 궁핍)로 설명된다는 것을 알 수 있다. 여러 ACE를 경험한 엄마는 정신 건강이 좋지 않아서, 또한 사회경제적으로 불안정한 상황이어서 부적절한 양육이 발생할 수 있다는 의미다.

엄마의 좋지 않은 정신 건강과 가정의 경제적 궁핍은 부정적 경험이 재생산되는 것을 막기 위해 눈여겨봐야 할 실마리다. 그리고 이러한 위험 신호를 주변 사람들과 지원 기관이 잘 포착해내 부적절한 양육을 막아내는 것이 주요 과제다. 구체적인 과제와 의견 제안은 다음 장에서 자세히 논한다.

엄마의 ACE가 부적절한 자녀 양육에 미치는 영향

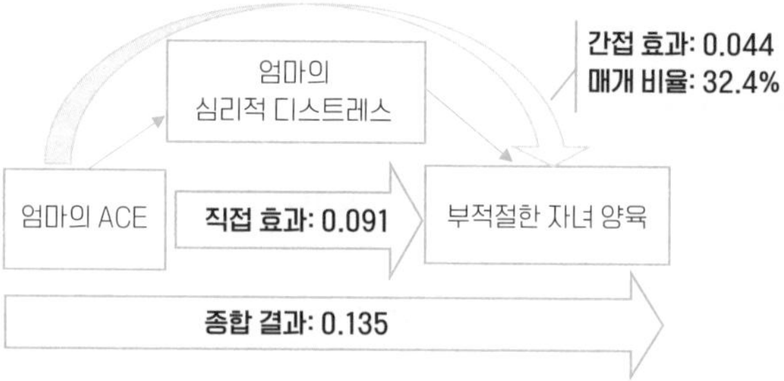

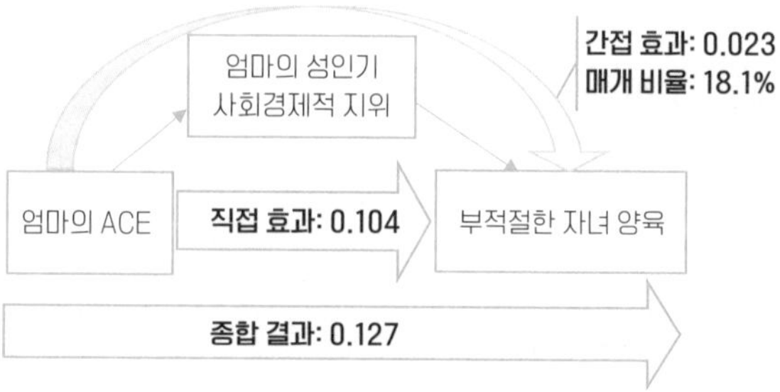

(모든 수치가 5% 수준에서 유의미. Mitani (2022)를 바탕으로 작성)

다만 여기서 확인된 심리적 디스트레스나 사회경제적 지위의 매개 비율은 충분히 높은 수치가 아니다. ACE 생존자인 엄마에게 부적절한 양육 경향이 있는 배경에 아직 발견되지 않은 매개 요인이 있는 것인지, 아니면 부적절한 양육에 미치는 ACE의 직접적인 영향이 워낙 큰 것인지는 면밀하게 따져볼 필요가 있다.

전국 조사에서 확인한 '부정적 경험의 연쇄'

앞서 말했듯이 고치현에서 수집한 데이터에서 '부정적 경험의 연쇄'가 확인되었다. 그렇다면 아빠를 포함한 전국 조사에서도 같은 현상이 확인될까?

전국 2만 명 조사에서 얻은 LSW 데이터로 ACE 생존자의 육아 실태를 확인해 보았다. 분석 대상은 18세 미만의 자녀가 있는 남녀다.

다음 표는 미성년 자녀가 있는 남녀의 ACE 점수별 육아 스트레스, 사회적 지지, 부적절한 양육에 관한 상황별 비율을 보여준다.

육아 스트레스 (높은 빈도) 항목은 '육아하면서 스트레스를 느끼나요?'라는 질문에 '항상 그렇다' '자주 그렇다'라고 응답한 비율이다. '육아 지원 및 조언자가 없다' 항목은 '아이를 돌보다 문제가 생겼을 때 도움이나 조언을 주는 사람이 없다'에 대해 '매우 그렇다' '그렇다'라고 응답한 비율이다. '부모/상대방 부모의 육아 도움이 없다'의 항목은 '부모/상대방 부모의 일상적인 육아 도움'의 빈도를 묻는 설문에 '전혀 없다'고 응답한 비율이다.

ACE 점수별 육아 상황 (%)

	ACE 점수				
	0	1	2	3	
육아 스트레스(높은 빈도)	21.3	28.7	35.1	38.3	**
육아 지원 및 조언자 없음	11.6	16.1	20.0	26.9	**
부모의 육아 도움 없음	28.8	60.7	60.6	66.9	**
상대방 부모의 육아 도움 없음	66.6	67.8	72.4	72.1	**
신체적 학대	30.1	38.3	40.6	43.0	**
정서적 학대	38.4	50.4	55.9	55.4	**
방임	6.7	9.3	11.54	12.6	**
n	3,052	1,047	655	502	

(n=5,256 (18세 미만의 자녀가 있는 사람으로 한정) **p<.01)

이를 ACE 점수별로 비교해 보면, 대체로 ACE 점수가 높을수록 육아 스트레스를 빈번하게 느낀다는 비율과 육아 도움을 얻을 수 없다는 비율이 높아진다는 것을 알 수 있다.

예를 들면 ACE 점수가 3 이상인 부모 중에서 3명 중 1명 이상(38%)이 육아 스트레스를 빈번하게 느끼고, 4명 중 1명 이상(27%)은 육아 도움을 전혀 받을 수 없는 상황에 있다. 이들 다수(약 70%)는 부모나 상대방 부모에게서 육아 도움을 받지 못하는 상황이다.

이렇게 ACE 생존자가 가정에서 어떤 상황에 놓여 있는지 상상하면서 표에 나온 부적절한 양육의 발생률을 ACE 점수별로 비교해 보자. 그 결과, 대체로 ACE 점수가 높은 부모일수록 신체적 학대(몸이나 얼굴을 때린다), 정서적 학대(무시하거나 위협한다), 방임(아이를 혼자 남겨두고 외출하거나 필요한 식사나 의료를 제공하지 않는다)에 해당하는(연 1회 이상 발생 기준) 비율이 높다.

물론 ACE 점수가 높다고 모두 이렇지는 않다. 하지만 ACE 점수가 3 이상인 사람은 약 43%가 신체적 학대를, 과반수인 55%는 정서적 학대를, 약 8명 중 1명(13%)은 방임을 한다고 응답자 스스로 밝혔다. 이 비율은 아동기에 부정적 경험을 전혀 하지 않은 사람과 비교하면 명백하게 높은 수치다.

다음 그래프는 ACE 점수와 육아 상황(육아 스트레스, 육아 지원)의 연관성을 조정 오즈비로 보여준다. 여기서는 고치현 조사 데이터 분석에 대응하는 통제 변수를 이용해 두 결과를 비교하기 쉽게 만들었다. 다른 요인의 영향을 제거한 후 상관관계를 분석해 보아도, ACE 점수가 높은

ACE 점수별 육아 상황의 조정 오즈비

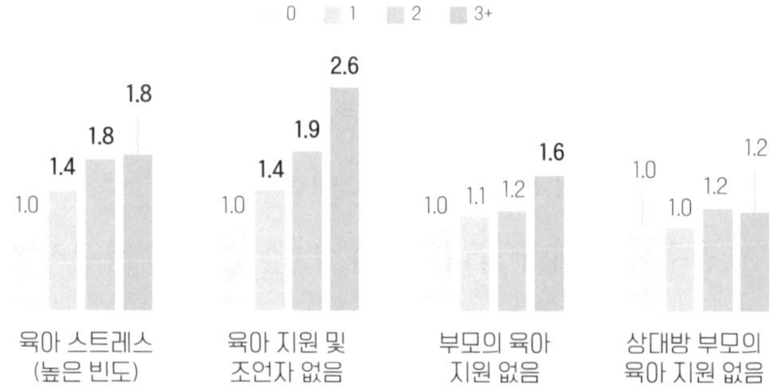

(n = 5,256 (18세 미만의 자녀가 있는 남녀) 부모 연령·부모 성별·막내 아이 연령·혼인 상태·자녀의 형제 수·부모의 출신 사회경제적 지위 변수 통제. 굵은 글씨는 5% 수준에서 유의미)

부모일수록 육아 스트레스를 빈번히 느끼고 육아 지원을 얻기 힘들다는 것을 알 수 있다.

다음 그래프는 ACE와 부적절한 양육의 연관성을 조정 오즈비로 보여준다.

역시 ACE 점수가 높을수록 자녀를 부적절하게 양육하는 경향이 보인다. ACE 점수가 3 이상인 부모는 0인 부모에 비해 신체적 학대는 1.8배, 정서적 학대는 2배, 방임이 발생할 확률은 2배나 높다. 놀랍게도 이 조정 오즈비의 수준은 앞서 소개한 고치현 조사 결과와 매우 유사하다. 그러므로 '부정적 경험의 연쇄'가 일본의 일반적인 가정에

ACE 점수별 부적절한 양육의 조정 오즈비

(n = 5,256 (18세 미만의 자녀가 있는 남녀) 부모 연령·부모 성별·막내 아이 연령·혼인 상태·자녀의 형제 수·부모의 출신 사회경제적 지위 변수 통제. 굵은 글씨는 5% 수준에서 유의미)

서 관찰되는 경향이라고 볼 수 있는 신뢰할 만한 근거가 된다.

이 사실을 외면해서는 안 된다. 게다가 육아 중인 ACE 생존자는 주변에 가볍게 도움을 청할 수 있는 인간관계가 빈약하며, 스트레스에 취약한 상황이라는 점도 중요하다. 무엇보다도, ACE 생존자가 부적절한 양육을 하는 배경에는 그들의 우울증, 불안 장애, 생계 곤란이 미치는 영향이 크다는 점도 고려해야 한다.

한편 이 결과를 보고 '부적절한 양육은 반드시 연쇄된다'라고 섣불리 결론 내려서는 안 된다. LSW 데이터에서는 ACE 생존자로서 부모가 된 사람 중 학대·방임의 경향이 관찰된 비율은 약 61%다. 반대로 생각하면 약 40%는 부정적인 연쇄를 끊어낸 것이다. 이 부정적 경험의 연쇄가 일어나지 않은 사람의 배경에도 주목해야 할 필요가 있다.

그렇다면 가족 때문에 괴로워하는 사람이 새로운 가족을 꾸릴 때, 다음 세대에 나쁜 영향을 대물림하지 않으려면 어떻게 해야 할까? 다음 장에서 회복탄력성(resilience)에 대해 본격적으로 논의한다.

보론 3

세대를 초월하는 ACE의 악영향

ACE 생존자인 부모에게서 자란 아이는 부적절한 양육뿐 아니라 건강, 행동, 발달 측면에서도 여러모로 불리해진다는 사실이 최근 연구에서 밝혀졌다. 즉 ACE의 악영향은 ACE 생존자 당사자뿐 아니라 그 자녀 세대에까지 미치고 있다.

예를 들어, 엄마의 ACE는 갓 태어난 영유아의 심신의 건강 문제,[15] 내재화(불안 등)나 외재화(공격성·과잉행동 등) 같은 문제행동,[16] 발달 지연[17]에 영향을 미친다고 보고된 바 있다.

또 18세 미만의 아이(아동기·사춘기)를 대상으로 한 연구에서는 부모의 ACE가 자녀의 건강 수준 저하나 천식,[18] 문제행동[19]에 전반적으로 영향을 미친다는 결과가 나왔다.

일본인을 대상으로 한 연구 결과도 최근 도쿄의대 치과대학의 후지와라 다케오(藤原武男) 연구 그룹에서 잇따라 발표하고 있다. 이 장에서 소개한 고치현 조사 데이터를 분석해 엄마의 ACE가 자녀의 문제행동이나 우울증,[20] 학력이 낮다는 자기 평가,[21] 회복탄력성 및 자존감[22]과 관련이 있다고 보고했다.

부모의 ACE가 자녀에게 악영향을 미치는 메커니즘은 다음 두 가지로 생각해 볼 수 있다.

첫째, 생물학적 메커니즘이다. 예를 들면 스트레스 반응 시스템으로 설명할 수 있다. 아동기에 부정적인 경험을 한 엄마는 HPA축에 조절 장애가 있을 가능성이 있다(2장 참조). 임신 중인 엄마의 스트레스 호르몬은 태반을 통해 태아에게 전달된다. 엄마의 HPA축 기능 장애로 태아가 스트레스 호르몬인 코르티솔에 다량 노출되면 태아의 신경계는 성숙이 지연되고 스트레스 반응이 변화하고 공포를 잘 느끼며 정서 장애나 인지 장애를 안고 태어날 가능성이 있다.[23]

둘째, '심리·사회적 메커니즘'이다. ACE 생존자인 부모의 정신 상태가 불안정하거나, 양육 행동이 부적절하거나, 낮은 사회경제적 지위가 자녀에게도 악영향을 미친다고 본다. ACE가 원인이 되어 부모가 정서적으로, 사회적으로 불리하고 불안정한 상황에 있으므로 자녀의 건강이 나빠지거나 행동과 발달에 문제가 생길 가능성이 있다는 의미다.

5
ACE와 회복탄력성

반전의 열쇠 '회복탄력성'

회복탄력성이 부각될수록 부정적 경험을
극복하는 일이 마치 '자기책임'인 것처럼 여겨진다.
ACE를 극복하려면 당사자의 의지가 필요하지만,
그 의지조차 갖지 못할 만큼 괴로운 사람들이 있다.

각광받는 회복탄력성

몸과 마음의 건강, 사회경제적 지위, 인간관계에 이르기까지 생애에 걸쳐 악영향을 미치고 심지어 다음 세대에까지 대물림되는 ACE의 악영향을 어떻게 끊어낼 수 있을까?

인생 초반에 ACE로 상처받았지만, 이제는 그 상처를 잘 보듬고 강인하게 살아가는 사람들을 통해 희망의 실마리를 찾을 수 있다. 이들 중에는 연예인, 스포츠 선수, 정치가 등 유명 인사도 있지만, 대부분은 우리가 거리에서 스쳐 지나가는 겉보기에는 아주 평범한 사람들이다.

ACE로 상처를 받았지만 잘 헤쳐나가는 그들은 어떻게

해서 고통에 무너지지 않고 회복할 수 있었을까?

충격을 받고 휘어질지언정 절대로 부러지지 않고 유연하게 버티다 이내 원래의 형태로 돌아가는 나뭇가지, 이런 이미지가 연상되는, 부정적 경험에서 회복하는 현상을 '회복탄력성'이라고 한다.

원래는 물리학 용어로 물체의 탄성을 나타내는 '회복탄력성'은 현재 여러 분야에서 각광받고 있다. 심리학, 정신의학, 나아가 비즈니스 영역과 교육 현장에서도 '회복탄력성'이라는 말을 흔히 들을 수 있다. 이러한 현상에는 사회가 급속도로 변화하고 예측할 수 없는 사태가 발생하는 등 개인과 조직의 유연한 대응이 요구되는 시대 배경이 있다.[1]

미국 심리학회에서 정의한 회복탄력성(resilience)은 '특히 정신적, 감정적, 행동적 유연성과 외적·내적 요구에 대한 적응을 통해 어려움 또는 힘든 인생에 잘 적응하는 과정이자 결과'라고 한다.

이 정의에서도 알 수 있듯이 회복탄력성은 '과정'이나 '결과'를 의미하므로 어떤 특별한 사람의 타고난 개인적 자질이 아니다. 회복탄력성을 발휘할 가능성은 많은 이들에게 열려 있다.

자신이 걸어온 인생의 발자취에서 보이는 회복탄력성을 알아차리고 그 가능성을 앞으로 어떻게 키워낼지가 관건이다.

인생 초반에 견디기 힘든 부정적 경험이 있었음에도 강인하게 살고 있는 사람은 어떻게 회복탄력성을 발휘한 걸까? 어떤 요인이 이들의 회복탄력성을 키웠는가에 주목하면 부정적 경험을 극복하기 위한 중요한 실마리가 보일 것이다.

회복탄력성을 키우는 열 가지 처방전

정신과 의사 두 명이 쓴 책 『회복탄력성: 인생 최대의 도전을 정복하는 과학 Resilience: The Science of Mastering Life's Greatest Challenges』(Steven M. Southwick, Dennis S. Charney)(2012)[2]에서는 '회복탄력성을 키우는 열 가지 처방전'을 제시한다. 베트남전쟁 때 포로로 잡힌 퇴역 군인, 선천적으로 신체적 장애가 있는 사람, 어린 시절에 성적 학대를 받은 사람 등 부정적 경험을 극복한 사람들과의 인터뷰에서 도출한 열 가지 요인이다. 역학과 생물학 연구에서 각각 밝혀진 근거도 함께 제시한다. 다음 표가 그 리스트다.

회복탄력성을 키우는 열 가지 처방전

1. 낙천주의를 키운다.
2. 공포와 마주한다.
3. 도덕 지침을 강화한다.
4. 신앙과 영성의 실천.
5. 사회적 지원을 주고받는다.
6. 회복 탄력적인 역할모델을 따라 한다.
7. 신체적 훈련을 한다.
8. 정신적 훈련을 한다.
9. 인지 및 감정의 유연성을 높인다.
10. 살아가는 의미, 목적, 성장을 찾는다.

(Southwick&Charney 2015)

여기서 알 수 있는 건 다음과 같다. 부정적 경험을 극복한 사람에게는 밝은 미래를 믿는 '낙천주의'가 있다. 또 '공포'를 회피의 대상이 아닌 일상에 존재하는 대상으로서 통제하며, 올바른 결정을 내릴 수 있는 '도덕 지침'이 있고, '신앙이나 영성(spirituality)'을 일상에서 실천한다.

가족이나 연인, 친구, 전문가에게 '지원'을 요청하고 받아들였으며 자신 또한 베풀었고, 부정적 경험을 이겨낸 인물을 역할모델로 삼았다.

또 건강을 위해 신체를 단련하는 '신체적 훈련'과 명상이나 마음 챙김 등 '정신적 훈련'을 꾸준히 했으며, 어려운 상황에서도 기회와 감사를 발견하는 '인지 및 감정의 유연성'을 높였고, '살아가는 의미, 목적, 성장'을 찾아내 회복탄력성을 발휘했다.

이 책에서는 회복탄력성을 키우는 방법은 한 가지가 아니며 자신에게 맞는 방법을 찾아내는 것이 중요하다고 강조한다. 어느 한 가지 방법이 모두에게 효과가 있을 리가 없다. 따라서 열 가지 처방전을 전부 실천할 필요도 없다.

숨어있는 자기책임론

회복탄력성이 각광받으면서 회복탄력성을 키우는 방법을 책이나 온라인을 통해 누구나 알 수 있게 되었다. 이미 일상 속에서 실천하며 자신의 행동과 생활을 바꾸고 있는 사람들도 있을 것이다.

이 부분에서 내가 우려하는 것은 '회복탄력성'이 부각될수록 부정적 경험을 극복하는 일이 마치 '자기책임'인 것처럼 여겨진다는 것이다. 실제로 앞서 소개한 책에는 '회복탄력성, 그것은 당신의 책임이다'라고 쓰여 있다.[3]

부정적 경험을 극복하려면 당사자의 의지가 필요한 건 맞지만, 그 의지조차 가질 수 없을 만큼 괴로운 상황에 있는 사람이 현실에는 존재한다. 부정적 경험이나 불리함이 누적돼 자신을 변화시킬 힘이나 용기가 없는 사람에게 '자기책임'이라며 비난하는 행위는 잔인하기 이를 데 없다.

중요한 것은 부정적 경험을 한 이들이 순조롭게 회복탄력성을 키울 수 있도록 그 사람을 둘러싸고 있는 사회 환경을 파악한 뒤 환경을 정비하기 위한 대책을 고안하는 것이다.

이 책에서는 특히 개인의 영역 바깥에 있는 관계성 요인에 주목하고, 어떻게 하면 인간관계와 사회적 지지가 ACE 생존자를 회복으로 인도할 수 있을지 고찰한다.

회복탄력성 요인

반세기에 걸친 회복탄력성 연구는 '회복탄력성은 기본적인 인간관계에 달려 있다'고 결론 내렸다. 개인의 회복에는 부모, 형제, 친척, 친구, 교사, 연인, 서비스 제공자 등 주변 사람들과의 연결이 중요하다.

회복탄력성의 외부 요인

주로 발달과학 분야에서 진행되던 오랜 연구에서 회복탄력성을 키우는 요인이 밝혀졌다.

본래 회복탄력성 연구는 자율성, 카리스마, 지능 등 회복탄력성이 관찰되는 아이들의 개인적 자질에 초점이 맞춰져 있었다. 하지만 연구가 진전되면서 특정 아이들이 뛰어난 회복탄력성을 보이는 것이 외부 요인(자원)에서 비롯될 가능성에 주목하게 되었다.[4]

즉 아이의 가족이 지닌 특성이나 학교 및 지역 등의 특성에 회복탄력성 요인이 있다는 의미다.

개인의 회복에는 부모, 형제, 친척, 친구, 교사, 연인·파트너, 서비스 제공자 같은 개인을 둘러싼 사람들과의 연결이 중요하다. 대략 반세기에 걸친 회복탄력성 연구 리뷰에서 '회복탄력성은 기본적인 인간관계에 달려 있다'고 결론 내린 점에 주목할 필요가 있다.[5]

그렇다면 어떤 회복탄력성 요인이 발견되었을까?

초기 회복탄력성 연구에서 밝혀진 주요 요인 중 하나는 '적어도 한쪽 부모와는 밀접한 관계'라는 것이다. 한쪽 부모에게 문제가 있다 해도 다른 한쪽과의 관계가 단단하면 자녀가 적응할 가능성이 커진다는 것이 밝혀졌다.[6]

설령 아빠가 알코올 의존증이어도, 엄마에 대한 애착이 외재화 문제행동(공격적 행동과 비행)의 발병을 막는다는 보고가 있다.[7] 또한 미국 흑인 저소득 가정에서는 유아기에 아빠가 친절하고 적극적인 육아를 하면 엄마의 동거, 별거, 성격 특성과는 무관하게 자녀의 학력 향상에 도움이 된다는 보고도 있다.[8] 이는 애착 이론 등 고전적인 발달 이론과 일치한다.

'교사와의 지지적 관계'도 회복탄력성 요인 중 하나다. 자녀가 교사와 친밀한 관계를 구축하고 교사가 아이의 역량을 증진시킴으로써 아이의 미래 가능성이 커진다.

예를 들면, 정서 및 행동 장애가 있는 학생은 다른 장애에 비해 학업 부진이나 취학 후 불리해질 위험이 커지는데, 이때 교사가 자신을 배려한다는 느낌을 받은 학생은 학업에 정진해 고등학교를 졸업하고 대학에 진학하거나 취직했다는 보고가 있다.[9]

또한 '부모에 대한 사회적 지지'도 자녀의 회복탄력성을 키울 수 있다고 한다. 가깝게 지내는 사람들의 비공식적 지원이나 개입 프로그램의 지원이 결과적으로 위험 요인이 있는 아이들의 적응에 도움이 된다는 이야기다.

예를 들면, 아프리카계 미국인 싱글맘을 대상으로 한 연구에서 친구나 가족의 지지가 적다고 느끼는 엄마는 이웃집 스트레스와 이에 관련된 심리적 증상이 육아 행동에 장기간 악영향을 미치는 반면, 충분한 지지를 느끼는 엄마의 경우 스트레스가 육아에 미치는 악영향이 적었다는 결과가 있다.[10]

또한 약물을 남용하는 저소득 엄마를 대상으로 인간관계를 바탕으로 한 지지적 육아 모임이 개입한 결과, 자녀를 직접 지원하지 않았는데도 자녀의 보고에서 엄마의 학

대 행위가 현저하게 개선된 것이 확인되었다.[11]

더 나아가, 엄마의 우울증으로 힘들어하는 가족을 대상으로 한 개입 프로그램의 결과, 엄마의 건강 상태 개선, 엄마의 수용성 증가, 가정에서 발생하는 스트레스가 감소했다. 그리고 아이의 대처 능력이 향상되고 행동 및 감정 측면에서 문제가 줄어들었다.[12]

회복탄력성을 키우는 요인들

이 밖에도 다음의 요인들이 열악한 상황에 있는 아이들의 적응을 돕는다고 확인되었다.

- 다정하고 반응을 잘해주는 육아 방식[13]
- 대체 양육자와의 양호한 관계[14]
- 할머니의 육아 관여[15]
- 양질의 보육[16]
- 친구, 동료와의 호의적 관계[17]
- 학교 전체에서 실시하는 개입 프로그램[18]

- 청소년을 대상으로 한 조직적 활동[19]
- 이웃 주민들끼리의 결속력[20]
- 성인이 된 후 양호한 부부관계[21]
- 종교와 영성(spirituality)[22]
- 애착 관계 개선을 목적으로 하는 가정 방문 및 개입[23]

즉 아이가 부모 또는 대체 양육자(가정위탁 부모, 친족, 보육사 등)와 안전하고 안정된 관계이거나, 아이가 신뢰할 수 있는 타인(친구, 교사, 지원자 등) 또는 단체와 연결되어 있거나, 주 양육자가 지지를 받고 있을 때 위험 요인이 있는 환경에서 자라는 아이의 회복탄력성을 키울 수 있다는 뜻이다. 비공식적 인간관계뿐 아니라 공식적 조직에서 제공하는 서비스도 효과가 있음을 알 수 있다.

물론 모든 인간관계나 소속 집단이 좋은 영향을 주지는 않는다. 비행을 하는 동료와 어울리거나 광신적 종교 교단에 들어가는 행위가 아이에게 악영향을 주기도 한다. 따라서 어떤 인간관계와 지지가 ACE 생존자의 적응을 촉진하는지 그 관계의 질을 상세히 검토할 필요가 있다.

다음 그림은 미국의 발달심리학자 수니야 루타(Suniya

회복탄력성을 키우는 관계성 중심 모델

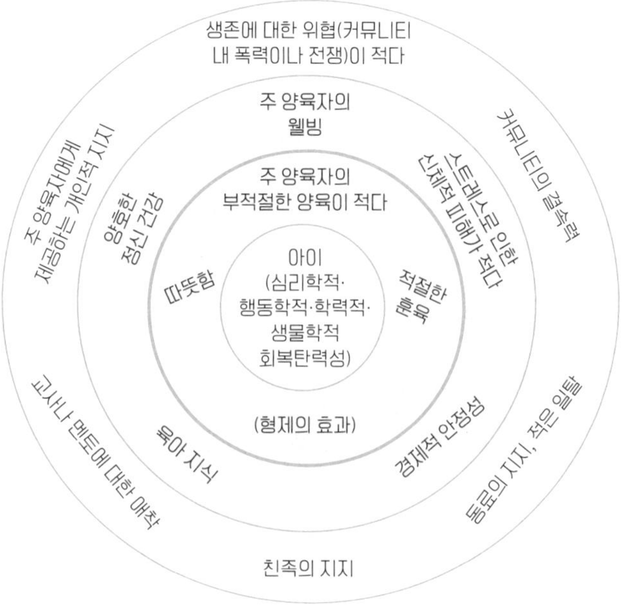

(Luthar et al. (2015: 273)의 그림 7.1을 바탕으로 작성)

Luthar)가 제시한 회복탄력성 요인에 관한 '관계성 중심 모델'이다.[24] 아이와 주 양육자의 관계가 가장 핵심에 있으며, 이 관계는 가족 이외의 지원 시스템의 맥락 속에 있다는 것을 알 수 있다. 이 지원 시스템의 구성 요소들은 서로 영향을 주고받고, 하나의 요소가 다른 요소의 작용을 높이는 상승효과도 있다.

이 그림에 나와 있듯이 아이는 늘 사회관계 속에 있고, 회복탄력성을 발휘하려면 아이와 주 양육자를 둘러싼 사회 환경을 조절하는 것이 중요하다. 이 이미지는 ACE 생존자의 회복탄력성 요인을 발견하고 그 가능성을 높이는 단서가 될 것이다.

촉진 요인과 보호 요인

회복탄력성 요인은 '촉진 요인'과 '보호 요인'으로 구분된다.[25] 회복탄력성을 정확하게 파악하기 위해서는 이 둘을 구분하는 것이 중요하다.

촉진 요인은 양호한 적응에 직접 기여하는 요인이다.

한편, 보호 요인은 부정적 경험과 상호작용하여 악영향을 완화하고, 양호한 적응을 강화하는 요인이다.

'촉진 요인'이 있는 경우, 리스크가 있는 사람뿐 아니라 리스크가 비교적 낮은 사람에게도 그 효과가 발휘된다. 즉 지지적 대인관계를 맺을 경우 집단 내 구성원들의 몸과 마음이 긍정적으로 움직인다. 이 촉진 요인의 효과를

촉진 요인과 보호 요인의 기능

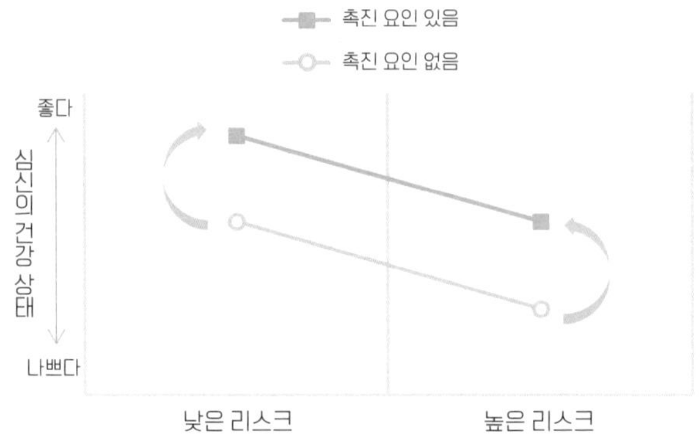

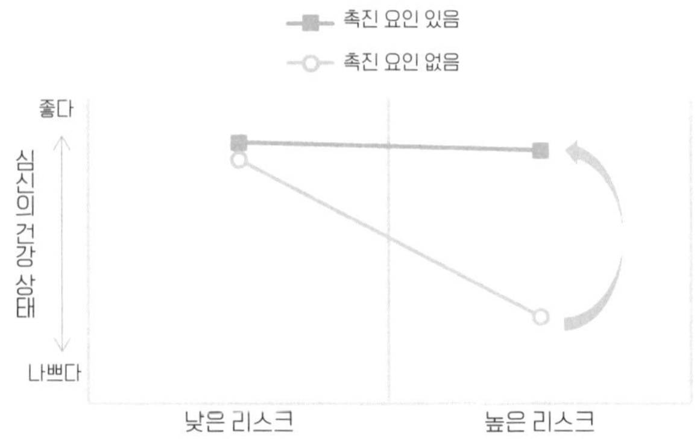

계량 분석에서는 '직접 효과'(또는 주효과, main effect)라고 한다.

반면 '보호 요인'은 특히 리스크가 높은 사람에게서 효과를 발휘한다. 상대적으로 리스크가 높은 상황에서 심신에 미치는 악영향을 경감해주는 효과가 있다. 바꿔 말하면, 리스크가 낮은 일반 집단에는 영향이 없지만, 리스크가 높은 상황에서는 큰 영향을 미친다. 이 보호 요인의 효과를 '상호작용 효과'라고 한다.

어떤 요인이 더 중요한지에 중점을 두지 않고, 촉진 요인, 보호 요인 모두 위험 요인이 있는 사람의 적응에 기여한다고 본다.

이 촉진 요인과 보호 요인의 실제 사례를 전국 조사에서 수집한 LSW 데이터를 통해 소개한다. 여기서는 실제로 특정 요인이 ACE와 각종 지표에 어떤 영향을 미치는지, 즉 촉진 요인 또는 보호 요인으로서 기능하는지 확인한다.

전국 조사 데이터로 본 회복탄력성 요인

많은 연구에서 사회적 지지는 부모에게
긍정적인 영향을 주고, 스트레스가 많은
상황에서도 성공적으로 양육할 가능성을
가장 높이는 요인으로 확인되었다.

아동기의 긍정적 경험(촉진 요인)

이 책에서 중점적으로 다루는 '아동기 부정적 경험(ACE)'과 한 쌍을 이루는 개념이 '아동기 긍정적 경험(PCE, positive childhood experience)이다.

최근 연구 중 미국 위스콘신주에 거주하는 18세 이상의 6,188명을 대상으로 한 조사에서는 아동기(18세가 되기 전까지)의 긍정적 경험(PCE)이 성인기의 우울증이나 정신적 문제가 발생할 위험을 경감한다고 밝혀졌다.[26]

이 연구에서 PCE 점수를 산출하는 데 이용된 일곱 가지 항목이 다음 표에 나온다. 살펴보면 앞서 소개한 수니야 루타의 '관계성 중심 모델'에 소개된 회복탄력성 요인과 겹치는 부분이 있다.

Bethell et al. (2019)에 사용된 PCE 항목

1. 가족에게 자신의 기분을 말할 수 있었다.
2. 어려울 때 가족이 내 편이 되어주었다.
3. 가족 중 어른의 보호를 받아 안심했다.
4. 부모 외에 진심으로 관심을 기울여준 사람이 적어도 두 명 있었다.
5. 고등학교에 소속감이 있었다(등교 거부, 자택 학습자 제외).
6. 친구가 나를 지지해 준다고 느꼈다.
7. 지역 행사에 즐겁게 참여했다.

이 연구의 주요 결과가 다음 그림이다. 성인기에 우울증 등 정신적 문제가 생길 확률(조정 오즈비)은 PCE 점수가 0~2인 사람보다 3~5인 사람은 50%, 6~7인 사람은 72% 낮다는 것을 알 수 있다.

ACE 점수가 높을수록 건강 수준이 나빠지는 경향을 ACE와 건강 악화의 '용량 반응 관계'라고 하는데, 여기서는 PCE 점수가 높을수록 건강 수준이 좋아지는 방향성의

우울증, 정신적 문제가 있는 경우의 조정 오즈비

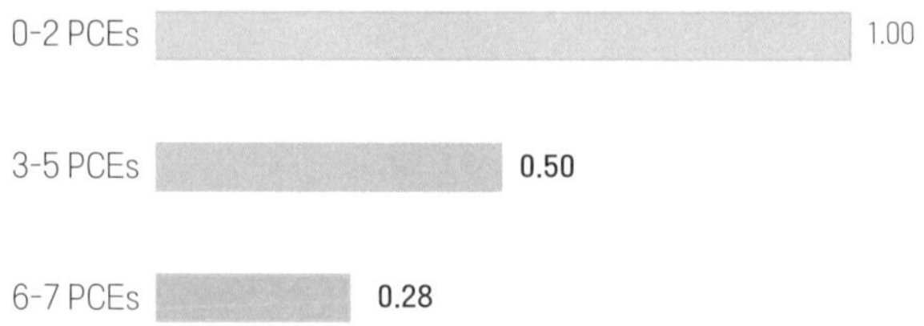

(연령·성별·인종·소득·ACE 변수 통제.
굵은 글씨는 5% 수준에서 유의미. Bethell et al. (2019)을 바탕으로 작성)

'용량 반응 관계'가 인정된다.

ACE 점수가 통제되었으므로 이 결과는 'ACE 점수와 상관없이 PCE는 성인기의 우울증이나 정신적 문제 발생을 억제할 수 있다'는 것을 의미한다.

즉 자신을 보호해주고 내 편이 되어주는 가족이 있거나, 가족이 아니더라도 자신을 지지해 줄 어른이나 친구가 있거나, 커뮤니티에 소속되는 등 아동기의 긍정적 경험(PCE)이 촉진 요인으로서 성인기 정신 건강을 양호한 상태로 만드는 데 도움이 된다.

일본 전역의 2만 명을 대상으로 한 LSW 조사에서는 다섯 가지 PCE 항목에 대해 응답을 받았다. 어린 시절의 상황을 묻는 각 질문에 '다소 그렇다' '매우 그렇다'라고 응답한 경우를 1로 설정한 뒤, 다섯 가지 항목의 점수를 합산해 PCE 점수를 산출했다(최소치 0, 최대치 5. 평균치 2.3).

LSW 조사에 사용된 PCE 항목

1. 나의 기분을 가족 중 누군가에게 말할 수 있었다.
2. 어려운 일이 있을 때 가족 중 누군가에게 지지받는다고 느꼈다.
3. 부모 외에도 내게 관심을 기울이는 성인이 있었다.
4. 집 외에 마음이 편안한 곳이 있었다.
5. 친구나 연인에게 지지받는다고 느꼈다.

다음 그래프에서는 성인기의 우울·불안 장애('K6' 지표가 13점 이상), 자살 충동(과거 1년 동안 '자살하고 싶다'고 생각한 적이 있다)의 조정 오즈비를 PCE 점수별로 비교했다.

그래프를 보면, 중증 우울증, 불안 장애의 발생 확률은 PCE 점수가 0~1인 사람보다 2~3인 사람은 23% 낮고, 4~5인 사람은 52% 낮다는 것을 알 수 있다.

또 자살 충동을 얼마나 자주 느끼는가에 대해서는, PCE 점수가 0~1인 사람보다 2~3인 사람은 27% 낮고, 4~5인 사람은 48% 낮다.

PCE 점수별 정신 건강 악화의 조정 오즈비

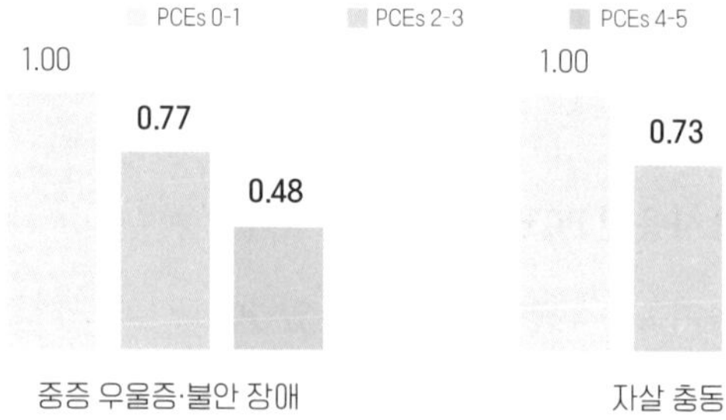

(연령·성별·아동기 빈곤·비대졸자 아빠·비대졸자 엄마·ACE 변수 통제. 굵은 글씨는 5% 수준에서 유의미.)

PCE 점수별 사회경제적 지위·고립의 조정 오즈비

(연령·성별·아동기 빈곤·비대졸자 아빠·비대졸자 엄마·ACE 변수 통제. 굵은 글씨는 5% 수준에서 유의미.)

비대졸, 빈곤, 사회적 고립(정서적 지지 결여)의 발생 확률을 PCE 점수별로 나타낸 그래프에서도 PCE 점수가 0~1인 사람보다 4~5인 사람의 조정 오즈비는 비대졸에서 27%, 빈곤에서 31%, 사회적 고립에서 59% 낮아졌다.

교육 성취도가 충분하지 않거나, 성인이 된 이후에 경제적으로 궁핍해지거나, 아무에게도 고민을 얘기할 수 없는 상황에 놓일 가능성을 PCE가 확실히 감소시킨다는 의미다.

이를 통해 일본에서도 PCE가 촉진 요인으로서 정신 건강 측면, 사회경제적 지위 측면, 인간관계 측면에서 효과가 있다고 확인되었다.

아동기에 부정적 경험에 노출된 사람일지라도, 과거에 자신을 수용해주는 한쪽 부모나 다른 가족 구성원, 부모 외의 성인이나 동료, 자신을 받아주는 곳이 존재했다면 또 다른 인생을 걸어갈 가능성이 있다. 가정, 학교, 지역 사회 속에서 아이들이 이러한 회복탄력성 자원을 누린다면 아이들이 더 건강하게 성장하고 인생의 기회를 더 많이 얻을 수 있을 것이다.

이 연구 결과들은 시사하는 바가 상당히 크다. ACE 자체를 줄이는 대응책과 더불어 아이들에게 PCE를 제공할 방안을 우리에게 촉구하고 있다.

부모로서, 친족으로서, 교사로서, 지역 사회 주민으로서, 모든 성인이 주변의 아이들에게 기울이는 작은 관심이 그 아이에게 긍정적인 영향을 줄 것이라는 가능성을 믿고 행동에 나서길 바란다.

사회적 지지(보호 요인)

촉진 요인에 이어 보호 요인을 설명한다.

4장에서는 ACE 생존자 부모가 자녀를 부적절한 방법으로 양육하는 현상, 즉 '부정적 경험의 연쇄'가 발생하는 현실을 살펴보았다. 그렇다면 이 연쇄를 막을 대책은 없는 걸까? 이번에는 ACE의 악영향 중 부적절한 양육을 완화하는 보호 요인을 살펴본다.

지금까지 수많은 연구에서 사회적 지지는 부모에게 긍정적인 영향을 주고, 스트레스를 많이 받는 상황에서도 성공적으로 양육할 가능성을 가장 높이는 요인으로 확인되었다.[27] 사회적 지지는 특히 불리한 상황에 있는 부모가 양육할 때 보호 요인으로 기능한다. 일본의 전국 조사 데이터를 통해서도 배우자의 지지나 친구의 지지가 육아기에 있는 남녀의 고독감을 경감하는 효과가 확인되었다.[28]

LSW 조사에서는 '사회적 지지 척도'로[29] 주변 인간관계에서 얻는 지지 정도를 파악했다. 구체적으로는 '가족은 내가 필요할 때 마음의 버팀목이 되어주고 손을 내민다' '친구들이 진심으로 나를 도와주려고 한다' '나는 기쁨과 슬픔을 나눌 수 있는 사람이 있다' 등 일곱 가지 항목이 있다. 각 항목에 대해 '상당히 그렇다'(7점)부터 '전혀 그렇지 않다'(1점)까지 세분화해서 응답을 받았고, 그 합계를 사회적 지지 점수로 규정했다(최소치 7~최대치 49. 평균은 34.3).

이 사회적 지지 점수가 ACE와 부적절한 양육의 연관성을 약화하는 효과(조절 효과, moderation effect)가 있는지 18세 미만의 자녀가 있는 사람을 대상으로 검증한 결과가 다음 표다. 이 표는 부적절한 양육을 종속 변수로 설정한 로지스틱 회귀분석의 결과다. 여기서는 ACE 변수(ACE 점수가 1 이상 또는 0)와 사회적 지지 변수(35점 이상의 '높은 그룹' 또는 34점 이하의 '낮은 그룹')의 상호작용(두 가지 변수를 곱한 항)에 유의미한 효과가 있는지 검증한다. 만약 유의미한 효과가 있다면 'ACE 효과는 사회적 지지로 인해 강화된다(또는 약화된다)'고 볼 수 있다.

ACE와 사회적 지지의 상호작용 효과

	신체적 학대	정서적 학대	방임
	오즈비	오즈비	오즈비
ACE	1.84**	2.27**	1.52**
지지가 높은 그룹	0.97	0.99	0.53**
ACE×지지가 높은 그룹	0.78*	0.70**	1.15

(n=5,256. **<.01, *<.05. 부모 연령·부모 성별·막내아이 연령·혼인 상태·자녀의 형제 수·부모의 출신 사회경제적 지위 변수 통제)

신체적 학대와 정서적 학대에서 1을 밑도는(마이너스) 유의미한 상호작용 효과를 확인할 수 있다. 즉 신체적·정서적 학대에 미치는 ACE의 영향이 사회적 지지가 높은 그룹에서는 약해진다는 의미다. 방임에서는 유의미한 상호작용의 효과가 없었다.

이 상호작용 효과를 쉽게 이해할 수 있도록 시각화했다. 다음 그래프는 표의 분석 모델에서 얻어낸 예측치를 ACE 경험 여부, 사회적 지지가 높고 낮음의 조합에 따라 네 그룹으로 나눈 것이다.

ACE 점수가 0인 경우, '사회적 지지가 낮은 그룹'과 '사회적 지지가 높은 그룹'의 신체적 학대 발생률이 거의 같

사회적 지지의 조절 효과 (신체적 학대)

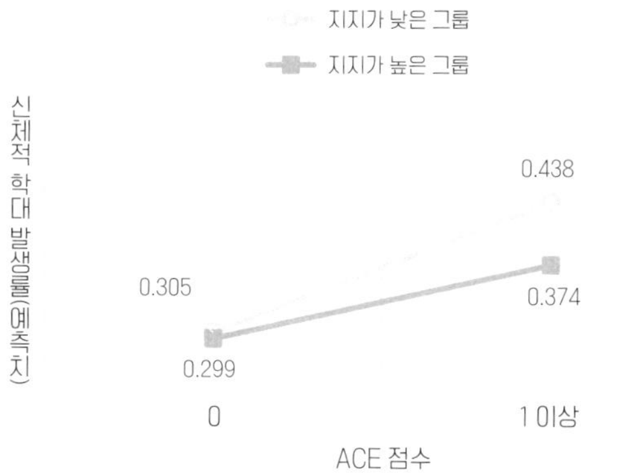

사회적 지지의 조절 효과 (정서적 학대)

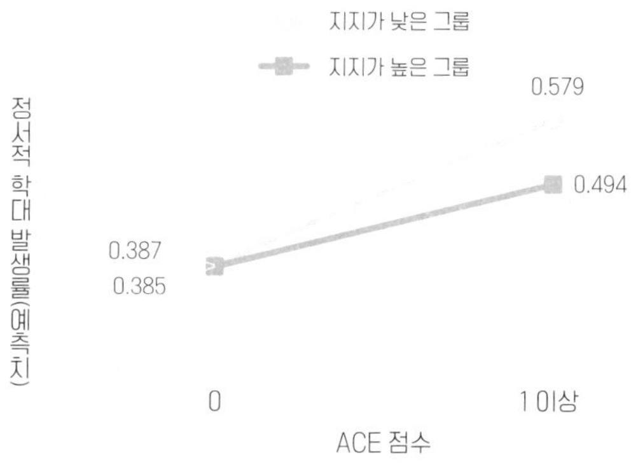

다. 하지만 ACE 점수가 1 이상인 경우, '사회적 지지가 낮은 그룹'보다 '사회적 지지가 높은 그룹'에서 신체적 학대 발생률이 6.4% 낮다.

ACE 점수가 1 이상인 경우, '사회적 지지가 낮은 그룹'보다 '사회적 지지가 높은 그룹'에서 정서적 학대 발생률이 8.5% 낮다.

즉 부모가 ACE 생존자인 경우, 사회적 지지에 따라 신체적·정서적 학대 위험이 완화되었다. 기쁨과 슬픔을 공유하거나, 마음의 버팀목이 되어주거나, 어려울 때 도와주는 인간관계는 ACE 생존자라는 유달리 불리한 환경에 놓인 사람의 학대 위험을 억제시켜주는 '보호 요인'으로 작용하는 것이다.

주변에 아이를 키우는 가정이 있는 사람들이 '부정적인 경험의 연쇄'를 끊어내는 데 자신이 도움이 될 수 있음을 알아차리기를 바란다. 주변 사람들이 평범한 일상 속에서, 육아를 하는 사람들과 나누는 대화와 소소한 도움이 어쩌면 육아의 어려움을 조금 줄여줄지도 모른다.

지금까지 촉진 요인인 PCE(아동기의 긍정적 경험)와 보호 요인인 육아기 사회적 지지가 실제로 효과가 있다는 것을 조사 데이터를 통해 함께 살펴보았다.

하지만 오늘날 가족 구성원이 줄어들고, 지역 사회 주

민들의 교류도 대폭 감소했다. 그러므로 외부에서 작용하는 회복탄력성 요인을 점점 더 누리기 어려워지고 있다. 개인의 책임으로 떠넘길 게 아니라, 사회적 대책의 하나로 PCE와 육아기 사회적 지지를 어떻게 부모와 자녀에게 제공할지 실천적 방안을 모색해야 한다.

ADVERSE CHILDHOOD EXPERIENCE SURVIVOR

6

ACE 생존자의 이야기

5장까지는 ACE 연구 결과 밝혀진 주요 지식과 일본의 전국 조사 데이터 분석 결과를 중심으로 설명했다. 통계적 근거는 ACE 생존자의 현 상황을 올바르게 파악하기 위한 중요한 자료다.

그러나 ACE 생존자가 살아가는 진짜 현실, 생생한 개인들의 삶을 알고 느끼는 것도 중요하다. ACE 생존자의 '이야기'를 듣고 나서야 비로소 현실감이 느껴진다. 또한 양적 조사와 질적 조사의 두 관점에서 입체적으로 보아야 ACE 생존자가 살고 있는 인생의 내막이 더 선명하게 포착된다.

그래서 이번 장에서는 내가 직접 인터뷰한 ACE 생존자의 삶을 소개한다. 인터뷰 조사는 류코쿠대학·사람을 대상으로 하는 연구에 관한 윤리위원회의 윤리 조사에서 승인받았다(승인 번호: 2022-07).

ACE 생존자 당사자가 들려주는 인생의 발자취에는 처참하고 짓눌린 경험으로 넘친다. 지금까지 수많은 상처가 있었지만 그 상처를 극복하기 위해 노력한 그들의 이야기는 지금 아무도 모르게 혼자 괴로워하는 ACE 생존자들에게 힘이 될 것이다. 또 그들의 이야기를 통해 5장에서 설명한 회복탄력성 요인이 개인의 인생에 어떤 기능을 하는지, 또 어떤 사회 환경이 마련되어야 하는지 현실적인 관점에서 살펴볼 수 있다.

내밀한 정보 게재를 허락해 준 ACE 생존자 두 명의 생활사를 이야기한다. 이들에게는 유독 처참한 과거가 있었지만, 현재는 의료인이 되어 다른 사람들을 돕고 스스로의 힘으로 생활하고 있다.

살아 있는 대가로
돈을 바치는 삶에서 벗어나기까지

"돈을 바친다는 조건 없이 사랑받는다면
어쩌면 저 자신에게 '살아있어도 괜찮다'고
말해 줄 수 있겠죠. 그런데 정말로 그런 일이
일어날 거라고는 아직까진 상상이 안 돼요."

B는 정서적 학대, 신체적 방임, 근친자 간 폭력, 정신 질환이 있는 가족, 이렇게 네 가지 경험을 한, ACE 점수 4에 해당하는 사람이다.

1960년대, B는 대기업에 다니는 아빠와 가정주부 엄마, 네 살 위의 언니가 있는 가정에서 태어났다. 최초의 기억은 세 살 때로 기억한다. "언니 머리가 붕대로 칭칭 감겨 있었는데 며칠이 지나도 그대로였어요. 언니는 슬퍼 보였어요." 엄마는 아직 일곱 살밖에 되지 않은 언니를 매일 때리고 발로 차는 신체적 학대를 했다. 엄마에게 언니는 '노력하지 않으면 사랑해 줄 수 없는 아이'였다.

엄마는 B를 신체적으로 학대하지는 않았지만 철이 든

무렵부터는 늘 "빨리 엄마하고 아빠한테 돈을 벌어다 줘야지"라고 가르쳤고 "돈을 주면 사랑해 줄게" "돈을 주지 않으면 넌 살아 있을 가치가 없어"라는 말을 지속적으로 했다고 한다. 유치원생 때부터다.

B가 초등학교에 입학하자 엄마는 저혈압이라면서 아침에도 침대에 내내 누워 있었다. 식사는 각자 따로 식탁에 놓여 있는 빵과 우유를 먹고 집을 나섰다. 엄마는 초등학생인 B에게 소아과와 치과를 혼자 알아서 다녀오라고 했다.

엄마는 B를 그 지역에서 유명한 사립 여자중학교에 보내고 싶어 했다. B의 성적은 학원 모의고사에서 300명 중 1등을 할 만큼 우수했지만, 시험 성적이 조금이라도 부진하면 엄마의 표정에 그늘이 졌다. 언제 어떤 상황에서도 1등을 하라고 엄마는 신신당부했다.

아빠는 기본적으로 딸들에게 무관심했고 종종 기묘한 말과 행동을 했다. 들뜬 상태일 때는 돈을 흥청망청 쓰거나, 한밤중에 B를 깨워 알아들을 수 없는 말을 연거푸 늘어놓았다. B는 아빠가 조울증이었다고 생각한다.

B는 방과 후 친구와 놀 새도 없이 전차를 타고 학원에

다녔고, 저녁은 카페나 패스트푸드점에서 먹는 일상을 보냈다. 이러한 노력의 결실로 B는 명문 사립 여중에 합격하게 된다. 엄마는 당연하다는 반응이었고, 칭찬이나 축하는 없었다.

중학생이 되고 나서부터 B는 엄마와 함께 있으면 위화감이 들기 시작했다. 학교 급식이 나오지 않는데도 엄마는 도시락을 싸주지 않았고, 소풍 가는 날조차 B는 직접 도시락을 쌌다. B는 필요할 때 용돈을 받아 그나마 사정이 나았지만, 고등학생 언니는 하루에 고작 100엔만 받아 배고픔 속에서 점점 여위어갔다.

B는 중학생이 된 이후 엄마의 눈에 차지 않는 행동을 하면 '계약 위반'이라며 비난받았다. 이런 상황 속에서 그냥 이야기를 들어줄 어른을 만나고 싶어 상담 창구에 간 적도 있다. 중년의 여자 상담원에게서 "우리가 어떻게 해줄 수 있는 게 없단다……."라는 말을 들었다. 애초에 별로 기대가 없었고 체념한 상태라서 아무 감정도 들지 않았다.

학비가 비싼 학교라 부유한 집안 딸들이 많다 보니 마음 놓고 어울릴 친구는 적었다고 한다. 그곳에서는 '왠지

불순물이 된 기분'이었다고 했다. 중학교에 관한 기억은 거의 없지만, 학원에는 성실히 다녔고 시험공부에도 집중했다. 의학부 진학을 희망했고, 한 국립 고등학교에 2등 차석으로 입학했다. 이때부터 아빠는 "너한테 투자하마. 이자는 두둑하게 돌려줘야 해"라고 이따금 말했다. 그리고 엄마가 아빠를 일방적으로 미워하게 되면서 부부관계가 틀어졌다. B도 언니처럼 그 스트레스의 배출구였다.

"내가 이렇게 불행한데 너만 행복해진다니 절대 용서할 수 없어. 무슨 수를 써서라도 그렇게 두지 않겠어." "결혼 따위 할 생각 말고 돈이나 보내." 엄마는 종종 이렇게 말했다. B는 처음 이 말을 들었을 때는 경악했지만, 점점 엄마가 '불쌍하다'는 생각이 들었다.

엄마의 부모님은 서로 불륜 상대가 있었고, 나중에 엄마는 친엄마에게 버림받고 계모에게 학대받으며 자랐다. 아빠는 형제가 아홉이나 되는 방임 가정에서 자랐다. 양친 둘 다 "사랑하는 법도, 사랑받는 법도 모른 채로 성장했다"라고 B는 말한다. B의 기억 속에서 부모님은 사치품에 돈을 곧잘 썼다. 있으면 있는 대로 모조리 쓰겠다는 식으로 자신들의 채워지지 않는 마음을 돈으로 메우려는 듯했다.

고등학생이 된 B는 집에 가기가 죽을 만큼 싫어서 패스트푸드점에서 자주 시간을 때웠다고 한다. 머릿속에서는 '내가 있을 곳이 없다'는 말이 늘 맴돌았다. 고등학교 3학년 때는 거식증과 폭식증도 생겼다.

하숙은 돈이 들어 안 된다는 말을 듣고 집에서 통학할 수 있는 국립대학 의학부에 지원했다. 내심 '불합격'일 것이라고 불안해했다.

그러나 B는 그 어렵다는 의학부에 단번에 합격한다. 합격 게시판을 본 순간 '이제 언제라도 죽을 수 있다'는 생각이 들었다고 한다.

당시 대학은 출석도 확인하지 않을 만큼 허술해서 B는 고등학교 3학년 가을부터 사귀기 시작한 동창 남학생과 자주 놀러 다녔다. 부모는 이 교제를 반대하고 "계약 위반이니까 고소할 거야. 우리가 무조건 이기게 돼 있어"라고 말하면서 B를 수시로 협박했다.

남자친구와 헤어진 후, B는 의학부 동급생에게 데이트 강간을 당한다. 위로받고 싶은 마음에 엄마에게 이 일을 털어놓자, "그 남자애랑 결혼해. 의사가 될 거잖아, 얼마나 좋니! 응, 어때?"라며 함박웃음을 짓고 반짝이는 눈으로 말했다. 물론 자신이 나중에 얻을 경제적 지원을 예상해 마음이 들떠서 한 발언이었다.

이후 B는 짧은 기간에 남자친구를 사귀고 바꾸는 교제 패턴을 보였다. 남자친구의 교제 상대인 여자에게 괴롭힘을 당하는 등 삼각관계 문제도 경험한다. 대학교 4학년 때 사귄 예술가 연인은 그녀의 목을 졸랐다. 그는 자살 미수로 정신과에 입원했다. B는 그에게 아무 말 없이 임신 중지를 했고, 이후 '이런저런 일들이 꼬이자' 자살을 결심한다.

대학교 5학년(23세) 때, 인적이 드문 산간에서 B는 자살을 시도한다. 칼이 동맥을 비껴갔고, 목을 찌르는 것도 잘되지 않아 결국 미수로 그친다. 병원에 옮겨진 다음 날 부모가 병원에 도착해 꺼낸 첫마디는 "신문에 안 실려서 다행이야!"였다. 히죽거리는 아빠의 모습에 "돈줄인 내가 죽지 않고 살아서 한시름 놓은 것인지도 모른다는 생각이 들었죠"라고 B는 회상한다.

엄마는 그 뒤로 또 한 번 찾아와 "너 말이야, 돈 좀 있었잖아. 어디에 있어?"라고 물었다. "친한 친구한테 줬어"

라고 하자, "부모한테 남길 생각을 해야지! 이 배은망덕한 것아!"라고 욕을 퍼부었다.

B는 겨우 걸을 수 있게 되자 퇴원하고 곧바로 이전에 간 산부인과에서 두 번째 임신중지 수술을 받는다. 내출혈로 허벅지 절반이 자줏빛이 된 걸 보고 의사가 놀랐다고 한다. 퇴원 후 대학교 진료소의 정신과에 다니기 시작했다. "머리에 쇠테가 씌워지고 그 안에 납 알갱이와 수은이 꽉 차 있는 것 같았다." 잠 못 드는 날들이 계속됐다. 우울증 진단을 받은 것도 그때다.

졸업 시험에 턱걸이로 합격해 간신히 대학을 졸업할 수 있었다. 그러나 의사 국가시험에서 떨어졌다. 부모는 길길이 날뛰며 "원래대로라면 의사가 돼서 돈다발을 보냈을 텐데 이건 계약 위반이야!"라고 몰아세우며 B에게 금전을 요구했다. B는 부모가 있는 집으로 다시는 돌아가고 싶지 않았기에 원래 살던 아파트에서 자취하며 돈을 보내기로 한다. "반항해도 별수 있나 했는데, 실은 이미 완벽하게 세뇌당했던 거죠."

B는 마트에서 이른 아침부터 오후까지 일했다. 당시 보드카를 사흘에 두 병 아니면 매일 밤 맥주 큰 캔으로 여섯

캔씩 해치우는 생활이 이어졌다. 매일 알코올 냄새를 풍기며 일하고 공부를 이어갔다.

의사 국가시험에 두 번째 응시했을 때 합격했다. 그리고 스물다섯 살에 한 종합병원에서 일하게 된다. 주요 근무처인 소화기 외과에서 2년 사이에 담당 환자 열 명이 사망했는데 이들이 매일 밤 돌아가며 꿈에 나왔다. 다른 병원에서 당직 서는 일도 잦아 수면제도 먹을 수 없게 되자 B는 점점 피폐해졌다. 이른바 '번 아웃'에 빠졌다.

눈코 뜰 새 없이 바쁘다 보니 은행 ATM에 갈 시간도 없어 써 볼 기회도 없이 돈은 쌓여만 갔다. 그때 마침 부모에게서 "이때까지 공부에 들인 돈 내놔"라는 말을 듣고 순순히 저축해 두었던 2백만 엔이 넘는 금액을 전부 송금했다. 아빠는 "이까짓 것, 너한테 들인 돈에 비하면 쥐뿔도 안 돼. 더 많이 내놓으란 말이야"라고 말했다.

의사 3년 차 때 다른 대학병원으로 자리를 옮겼다. 하지만 주변에는 분신자살을 시도한 사람, 의욕 없는 의사 등 일상이 우울해지는 환경이라 5개월 만에 그만두었다. 그리고 '다시는 의사 일을 하지 않겠다'고 결심했다.

스물일곱 살, 고등학생 때부터 막연하게 동경하던 장거

리 트럭 운전사가 되었다. 부모는 '나쁜 남자에게 걸려 돈을 뜯길 게 뻔하다'며 낙담하고 한탄했다.

직장 동료 남성과 사귀게 되고 그가 집으로 들어오면서 동거가 시작되었다. "뭐가 어떻게 되든 상관없다는 마음이었어요." 이 무렵에는 부모에게 더는 돈을 보내고 싶지 않아서 송금을 중단했는데, 부모도 의사의 길로 돌아가는 게 불가능하다는 걸 알게 되자 악착같이 돈을 요구하는 일은 없어졌다고 한다.

트럭 운전이 서툴렀던 B는 교통법규를 여러 차례 위반해 면허가 정지되는 바람에 얼마 안 가 운전사를 그만둘 수밖에 없었다. 파견 직원과 여러 아르바이트를 전전했지만, 본래 요리사였던 애인이 자신의 가게를 내고 싶다는 말에 고수입 의사 아르바이트를 하기로 했다.

그는 사채로 돈을 빌린 적이 있는 데다 요리사로 일해도 수입이 월 10만 엔도 되지 않았기에 악착스럽게 사업자금을 마련하는 건 B의 몫이었다. 이때가 스물아홉 살 즈음이었다. 건강 진단, 헌혈 예진, 콘택트렌즈 처방 등 조금이라도 급여가 좋은 일이면 뭐든지, 두세 곳의 일을 동시에 뛰며 아등바등 일했다.

이렇게 바쁘게 일하면서 B는 자기 자신에게 '살아있어도 된다'고 납득시키고 있었던 것이라고 나중에 회상했다. 언젠가부터 돈을 바치는 대상이 부모에서 애인으로 바뀌어 있었다.

서른한 살, B는 이 남자와 혼인신고를 했다. 그를 좋아하는지 어떤지는 잘 몰랐지만, 남자의 부모는 B를 아껴주었고 '이 두 사람의 딸이 되고 싶다'는 마음에 혼인신고를 결심했다. 남편은 중요한 이야기를 나눌 수 있는 신뢰할 만한 사람이 아니라, 말하자면 '좋은 술친구'였다. 그래도 결혼하고 십 년 정도는 정신과에 다닐 일이 없었다.

30대에는 일에만 매달려 서른넷에 선술집을 열고 서른여섯에 단독주택도 사들였다. 전부 B가 마련한 것이었다. 죽기 살기로 일하다 교원병(피부, 힘줄, 관절 등의 결합 조직이 변성되어 생기는 병을 통칭)과 메니에르병(난청, 어지럼증, 귀울림 등의 증상을 보이는 질환)이 생겼지만 치료는 하지 못했다. 서른일곱에는 대출받은 돈으로 작은 빌딩을 매입해 가게를 옮겼는데 입지가 나쁘고 장사가 잘되지 않아 석 달 만에 문을 닫았다. 대출 잔금은 약 3천만 엔이었다. 남편은 돈을 벌기 위해 해외로 나갔고 B도 원격 진료소에서 상근 근무를 시작했다. 그리고 서른여덟에 담담하게 이혼한다.

혼자가 된 B는 상환 능력이 없는 전남편을 대신해 대출금을 갚기 위해 이 악물고 더 열심히 일했다. 대출 상환에 끝이 보이기 시작한 마흔한 살에 B는 안과 지식을 새롭게 배우려고 한 국립대학 의국에 입학했다. 그리고 이때 '양극성 장애' 진단을 받았다. 이후 매일 새벽 다섯 시에 일어나 저녁 아홉 시까지 일하기를 반복하다 우울 증상이 심해져 8개월간 시립병원에 입원했다. 퇴원 후 한 개인 병원에서 일하게 되었는데, 이사장의 횡포에 지병인 메니에르병이 악화되어 일할 수 없게 된다. 그다음에 이직한 종합병원에서도 다섯 명의 외래 직원에게 무시당하다가 우울증이 도져 9개월 만에 그만두게 된다. 이때도 이전에 다니던 병원에 4개월간 입원하고, 퇴원 후에는 여러 개인 병원을 떠돌게 된다.

쉰이 되었을 때, 옛 동료의 권유로 그가 사무장으로 있는 개인 병원에서 일하기 시작한다. 이 유부남 사무장에게 이성의 감정을 느끼고 있던 B는 그가 자산 운용을 해준다는 말에 차용증도 없이 돈을 계속해서 건넸다. 거액의 돈을 주려고 쉬는 날도 없이 아르바이트를 했다. 역시

나 이때도 돈을 바치는 행위로 마음을 안정시켰던 것이다. B의 총자산은 늘 3만 엔이었다. 사무장이 작정하고 B를 속여 돈을 빼돌릴 계획이었다는 건 민사소송을 제기한 후에 알게 된 사실이다.

쉰네 살, 돌연 심인성 시력 저하가 발병했다. 마침 종합병원 안과에서 일하던 시기였는데, 가장 하고 싶었던 일이라 그랬는지 B는 "울며 겨자 먹기로 그만두었어요. 다른 때보다 힘들었어요"라고 회상했다.

그리고 일자리를 알아보던 중 교정시설 의사를 모집한다는 소식을 듣고 지원해 채용되었다. 이 공고는 마흔 살 때부터 다시 연락을 주고받게 된 친언니가 알려주었다. 교정시설 의사란 형무소나 소년원에 설치된 진료소 등에서 수감자의 건강을 진단하고 질병을 치료하는 의료직을 말한다.

쉰여섯이 된 B는 현재 한 소년원에서 의사로 일하고 있다. 그 소년들 중 8할이 학대받은 경험이 있다고 했다. "저도 학대받은 경험이 있으니까 그 아이들과 조금은 가까워질 수 있지 않을까 생각했어요. 작게나마 그들의 갱생에 도움이 되길 바라면서요." 정신의학·심리학에 조예가 깊고 교정 의료에 정통한 상사와, 소탈한 대화를 나눌 수 있는 동료들 덕분에 현재는 마음 편히 직장에서 일할 수 있다고 말한다.

그렇지만 여전히 돈을 관리하는 법을 잘 모르겠고, 돈이 있으면 불안해져서 은행 잔고와 급여 명세서를 절대 보지 않는다고 한다. 또한 지난 몇 년간 음주 문제가 있어 술을 끊기 위한 정기 모임에 한 달에 두 번 참석하고 있다. B는 여전히 "배를 타고 바다로 나가 익사하고 싶다는 마음을 떨쳐내지 못하고 방황하며 살고 있다"고 말한다.

"돈을 바친다는 조건 없이 사랑받는다면 어쩌면 저 자신에게 '살아있어도 괜찮다'고 말해 줄 수 있겠죠. 그런데 정말로 그런 일이 일어날 거라고는 아직까진 상상도 되지 않아요."

B는 오늘도 '언젠가는 죽을 수 있다'는 마음을 원동력으로 살아가고 있다.

양어머니의 굴레에서 벗어나기까지

"마흔다섯을 넘기니까 '이제부터는 내 인생이야'라는 생각이 들더군요. 이 순간부터는 엄마의 복제품이 아니라 내 인생이라고 생각하니 어디에 변명할 데도 없고 마음이 싹 바뀌었어요."

C는 ACE 점수가 5에 해당한다. 신체적 학대, 정서적 학대, 성적 학대, 정서적 방임, 부모와의 이별을 겪었다.

열여섯 살이었던 엄마는 C를 낳고 곧바로 보육원에 맡겼다. C는 부모의 기억이 없고 얼굴도 모르며 출생기록에서 확인한 이름만 알 뿐이다. 친엄마 얼굴 사진이 딱 한 장 남아있는데 생김새가 C와 판박이라고 한다. "저와 무척이나 닮아서 아, 엄마구나 싶긴 한데 완전하게 내 엄마라는 생각은 들지 않아요. 8할은 생판 남 같은 느낌이랄까."

C는 세 살 때 입양되었다. 양아버지, 양어머니, 일곱 살 위의 오빠가 있는 가정이었다. 양부모는 어린 딸을 교통사고로 잃고 그 구멍을 메워줄 존재로 C를 거두었다.

C는 그 집에서 지낼 때 마음이 상당히 불편했다고 한다. “친부모도, 키워준 부모도 온전히 제 가족 같지 않았어요.”

C에게 가장 강렬한 기억은 양어머니에게 친자식이 아니라는 말을 들었을 때다. 네 살 때였다.

“‘널 정말로 소중하게 생각하고, 진짜 엄마처럼 곁에 있어 줄 거야’라는 말도 듣긴 했어요. 그런데 어린아이 귀에 들어올 리가 없죠. ‘너는 우리 애가 아니야’라고만 들렸죠. 아마 이때부터 정말로 마음을 걸어 잠근 것 같아요. 초등학교 2학년 정도 될 때까지 계속이요.”

양어머니의 얘기를 들은 후 C는 아이답게 크지 못했다고 한다. 어려서부터 키운 아이에게 친부모가 아니라는 사실을 알려주는 것은 입양가족과 위탁가정의 중요한 과제다. NPO법인 고리의 모임과 Happiness 등이 이 과제를 도와주는 활동을 전개하고 있다.

어느 날 갑자기 친자식이 아니라는 것을 알게 된 C는 악몽에 시달렸다. 자신의 머리 위에서 어른들이 큰 이불을 서로에게 던져대는, 마치 전쟁이라도 일어난 것 같은 꿈을 밤마다 꾸었다고 한다.

이때를 돌이켜보면 아이답게 즐거워하는 장면은 떠오르지 않는다고 한다. 입양 사실을 알게 된 그 순간을 시작으로, C의 머릿속에는 무서운 기억들이 주로 남아있다.

초등학교에 입학한 C는 과호흡 발작이 있어 곧잘 학교를 쉬었다. 등교하자마자 보건실로 직행하는 날이 이어졌다. 학교에 가지 않은 날에는 종일 양어머니에게 안겨 칭얼댔다. 무릎 위에 앉아 딱 달라붙어 떨어지지 않으려는 C를 당시의 양어머니는 꼭 끌어안아 주었다고 한다. "그것도 아주 잘 기억하고 있어요. 지금의 제가 있는 건 아마도 그때, 엄마가 온전히 받아준 덕분이에요." 그리고 2학년 때부터 1년간 불안 장애를 치료하기 위해 아동병원에 상담을 받으러 다녔다.

C는 당시 자신을 잘 보살펴준 양어머니에게 고마워하면서도 한편으론 왜 입양 사실을 알려주었는지 의구심이 든다고 한다.

"다시 생각해도, 저는 알고 싶지 않았어요. 엄마는 '진실을 말해줘야 해' 같은 정의감으로 충동적으로 말했을 거란 짐작은 가요. 그렇지만 역시 경솔했고, 무척 민감한 이야기니까 더 고민한 다음에 말했어야죠. 중학교, 고등학교에 들어간 다음이라든가 좀 더 나중에 들었다면 저한테 불안 장애 같은 건 안 생기지 않았을까요?"

C가 중학생일 때 더 심각한 일이 발생했다. 열네 살 때, 양아버지가 C에게 성적인 접촉을 시도했다. 양아버지가 이전과는 전혀 다른 분위기로 밀착하거나 뒤에서 꽉 안을 때 C는 소름이 돋고 분노를 느꼈다. 하지만 저항하지 못했고, 다른 사람에게 말해도 자신의 말을 믿어줄 것 같지 않아 꾹 참았다. 양어머니가 그런 두 사람의 낌새를 모를 리 없었다. "엄마는 알고 있었지만 보호해 주기는커녕 오히려 질투한 것 같아요."

이후 C의 중학교 졸업을 앞두고 양부모는 이혼한다. C는 양아버지와의 일이 이혼의 방아쇠가 되었다고 생각한다.

C는 열다섯에 양어머니와 함께 집을 나온다. 양어머니는 "고등학교에 가고 싶으면 이 집에 남아. 날 따라오면 고등학교도 못 가고 밥도 못 먹어"라고 돌려 말하며 함께 살기를 거부했다. 양아버지를 경계하던 C는 일단 양어머니와 함께 집을 나온 후 도시로 상경해 미용실에 취직하고 혼자 살기 시작한다.

C는 미용사 견습 일을 2년 정도 하다가 더 많은 급여를 받기 위해 선술집 같은 곳에서 일하기 시작했다. 그 사이 양어머니와 연락하는 일은 거의 없었다. 양어머니는 자신에게 눈길도 주지 않은 남성에게 푹 빠져 안정적인 상태가 아니었다. C는 양어머니가 자신을 귀찮아한다는 느낌을 받았다.

양어머니는 C가 열아홉이 되던 해에 목숨을 끊었다. 익사체로 발견된 양어머니의 장례식을 치른 사람은 C였다.

날벼락 같은 사망에 정신을 못 차리는 와중에 C를 더욱 궁지로 몰아세운 건 양어머니의 일가친척들이 보여준 태도였다. 장례식에 온 양어머니의 친척들은 입을 모아 "네가 죽인 거나 똑같다" "너 때문에 불행해졌다. 네가 죽었어야 했다"라고 퍼부었다고 한다.

왜 이런 말을 들어야 하는지 혼란스러웠다. "너무 어렸고요, 어른이 그런 식으로 말하면 '그렇구나' 하고 믿게 돼요. 그때부터 꽤 오랫동안 '언젠간 나도 엄마처럼 불행하게 죽겠지'라고 저 자신을 옭아맸어요."

하지만 C는 이 사건을 계기로 고등학교에 가겠다고 다짐한다. 양어머니가 죽고 의지할 사람이 아무도 없는 몸으로 먹고살려면 술집으로는 어림없다는 판단이었다. 애초에 C는 술을 못 마셔서 술집에서 일하며 평생 먹고살 수 있을 것으로 생각하지는 않았다. 지금의 상황을 바꾸지 않으면 생존하기 어렵다는 위기감을 느꼈다.

C는 스무 살이 되던 해, 고향에 있는 통신 고등학교에 입학해 밤에는 술집에서 일하면서 공부에 매진했다. 고등학교에는 철부지 학생들밖에 없어 친구는 한 명도 사귀지 못했다. 하지만 고등학교 졸업장이 목표였기 때문에 상관없었다. 원래는 4년제 학교인데 C는 대학 입학 자격 검정 고시에 붙어 3년 만에 졸업했다.

고등학교 졸업장을 딴 후에는 사무직으로 취직했다. 그러다 한신·아와지 대지진으로 C가 살던 아파트가 무너졌다. 다행히 목숨은 부지해 임시주택에 살다 구호금으로 맨션에 들어갈 수 있었다. 하지만 생활비가 부족할 때마다 밤에 술집 아르바이트를 하는 등 생활은 녹록지 않았다.

C는 스물일곱 살이 되던 해, 술집에 손님으로 왔던 남성과 결혼했다. 인프라 기업에 다니고 안정된 수입이 있는 사람이라 결혼을 단행했다. "뭐랄까, 이제 일하지 않아도 되겠구나 생각했어요. 아무튼 편해지고 싶었어요. 안

일한 생각이었지만.”

결혼생활은 C의 기대와는 거리가 멀었다. 장남인 남편의 어머니는 모든 일에 참견이 심했고 혼인 신고서까지 빼앗아 본인이 내러 가는 사람이었다. 반면에 남편은 시가와 일절 왕래하지 않았다. C는 시가와 관련된 일들을 억지로 떠맡게 되어 몹시 부담스러웠다.

서른 살 때 장남이 태어났다. 부부가 정말 바라던 일이었고, 육아가 힘든 줄도 몰랐다.

그런데 아들이 한 살 반 정도 되고 말이 통하게 되었을 때 일이 터진다. “유년기부터 계속 마음속에 있던 것들이며, 엄마가 죽고 난 이후의 일들이 한꺼번에 쏟아져 나왔어요.” C는 아이에게 어떻게 말을 걸어야 할지, 어떻게 애정을 표현해야 할지, 기본적인 일들에 눈앞이 깜깜해졌다. “관계를 잘 형성하지 못하는 이유가 제게 그 시절의 부모에 대한 기억이 없기 때문이라고 생각했어요.”

C는 자신이 느낀 당혹감을 남편에게 말하고 도움을 요청했지만 남편은 끝까지 피하기만 했다. 자기주장이 강한 시어머니에게 의지할 수 없어 육아는 하루하루 힘들어졌다. 조금이라도 도움을 받고자 어린이집 시간제 보육을

신청하려고 구청에 갔지만, 취업하지 않은 C를 상대해주지 않았다(현재는 제도가 바뀌어 취직하지 않아도 재충전을 위해 시간제 보육을 이용할 수 있다). 이 무렵 남편이 직장을 그만두면서 경제적으로도 어려워졌다. 민간 보육은 비용이 많이 들어 꿈도 꾸지 못했다.

"이 분노 같은 감정을 어디로 보내야 할지 몰랐어요. 남한테 말할 수도 없고, 대화할 상대도 없었어요. 꾹꾹 눌렀어요. 별것 아닌 일로도 쉽게 친정에 아이를 맡기는 엄마를 보면 정말이지 열받는다는 기분이 이런 거구나 하는 감정이 늘 마음속에 있었어요."

그렇지만 C는 아이에게 정성껏 밥을 먹이고, 제대로 된 옷을 입히고, 일찍 재우고 일찍 일어나게 하는 등 최선을 다해 일상을 유지했다. 그건 "저처럼 되지 않길 바랐어요. 천진난만하게 자라줬으면 했어요"라는 강한 바람이 있었기 때문이다.

서른둘에 둘째 아들이 태어나면서 C는 두 아이의 육아로 고군분투하게 된다. 첫째가 유치원에 입학해 육아 부담이 줄었고, 아이와도 대화가 가능해졌다. 하지만 초등학교에 입학한 후 첫째가 등교를 거부했다. 남편은 C에게 육아를 전부 떠넘기고 여전히 무관심했다.

남편이 전혀 육아에 참여하지 않으면서 자신의 부모님과 잘 지내라고 강요하는 상황이 계속되자 C는 이혼을 결심했다. '부부로 살면서 나만 이렇게 고통받을 거라면 돈 버는 게 힘들어도 차라리 싱글이 되는 편이 훨씬 낫겠어'라는 생각이 들었기 때문이다. 서른일곱, 첫째가 초등학교 1학년, 둘째가 네 살이 되던 해였다. 이혼하자는 말을 들은 남편이 아이를 자신이 키우겠다는 시늉조차 하지 않자 C는 더욱 환멸을 느꼈다.

이혼 후, 남편이 양육비를 보냈지만 그마저도 3년 만에 끊기고 아이들을 만나고 싶다는 연락도 하지 않았다. 아이들도 아빠가 보고 싶다고 말하지 않게 되었다.

C는 이혼 후 고등직업훈련 지원금으로 간호학교에 가기로 결심한다. 이것은 한부모 가정 부모가 자격증 취득을 위해 일 년 이상 양성 기관에서 배우는 동안 생활비를 지원하는 제도다. C는 초등학교 졸업 문집에 '간호사가 되고 싶어요'라고 썼었다. 또 출산할 때 하나부터 열까지 헌신적으로 도와준 간호사에게 깊은 인상을 받아 동경심을 품고 있었다. 포기했던 꿈을 이룰 수 있을 거라는 기대

가 생겼다. '만약 싱글맘을 위한 지원금을 받게 되면 생계를 유지하면서 학교에 다닐 수 있을지도 모른다'는 희망을 안고 간호사의 길을 걷기로 결심한다. '지금까지 버텨온 이상 반드시 행복해지겠다'는 집념도 있었다. C는 입학시험에 무사히 합격해 서른아홉에 학생이 된다.

하지만 홀로 아이를 키우며 간호학교에서 공부하는 나날이 호락호락할 리 없었다. 지원금만으로는 턱없이 모자라 일본 학생지원기구에서 학자금 전액 대출을 받고, 입학 전에 간병 도우미로 일하던 병원에서도 장학금을 받고, 병원 아르바이트도 하면서 가까스로 생계를 꾸려나갔다. 아이들에게 저녁을 먹인 후 베란다에서 네 시간 정도 내리 담배를 피우는 등 당시에는 정신적으로 "조금 위험했다"라고 회상한다. 정신과에서 우울증 약도 처방받았다. 의사 선생님은 "학교 졸업하면 자격증을 따세요. 자격증 따고 나면 어떻게든 살 수 있어요"라고 C를 응원했다.

3년 동안 아등바등 매달린 끝에 간호사 자격증을 딴 C는 마흔두 살에 예전에 아르바이트하던 곳이자 장학금도 준 병원에 취직한다. 나이 때문에 일자리 구하기가 어려워 다른 곳들은 고려하지 않았다. 400평이 넘는 병원의 구급 외래에서 다양한 증상으로 실려 오는 환자와 만나는 날들이 시작되었다.

40대가 되고 나서 새롭게 출발한 C였지만, 진정한 의미의 인생 전환기는 마흔다섯 살 때였다고 회상한다. 공교롭게도 양어머니가 생을 마감한 당시의 나이이다. "마흔다섯 전까지는 긍정적으로 사는 척했지만 실은 될 대로 되라는 식이었죠. 마흔다섯에 저도 죽는다는 생각이 박혀 있었거든요. 스스로를 옭아매고 있었죠. 그런데 막상 마흔다섯을 넘기니까 '이제부터는 내 인생이야'라는 생각이 들더군요. 이 순간부터는 엄마의 복제품이 아니라 내 인생이라고 생각하니 어디에 변명할 데도 없고 마음이 싹 바뀌었어요. 될 대로 되라는 생각이 점점 사라졌어요."

현재 마흔아홉, 간호사 7년 차가 된 C는 앞으로의 방향성을 고민하고 있다. 자살 유족 지원 등 인도적인 봉사 활동에 뜻이 있지만, 대학생과 고등학생 아들 둘을 챙기느라 경제적인 면에서 당장은 여의치 않다.

"괴로웠던 과거가 다른 누군가를 위해 쓰이고 나서야 비로소 '회복'됐다고 말할 수 있어요. 그 과정에서 상대를 지키려는 행동이 오히려 저를 더 치유하는 측면이 분명 있다고 생각해요. 저는 그렇게 살고 싶어요. 저만의 행복이라는 자기만족으로 끝내고 싶지 않아요."

다른 사람을 돕고 자신과 같은 고통을 안고 살아가는 사람을 지키는 일이야말로 '자기 회복 과정의 종착지'라고 C는 표현한다.

ACE 생존자의 회복탄력성을 키운 요인

C가 간호사가 되겠다고 결심할 수 있던 배경에는
고등직업훈련 촉진 지원금이 크게 작용했다.
지원금만으로 생활하기는 어렵지만,
C가 앞으로 한 걸음 내딛게 한 중요한 기회였다.

B와 C 둘 다 힘든 유년기를 보냈고 이후에도 상처가 계속 쌓였지만, 지금은 오히려 긍정적으로 살고 있다. 둘 다 의료직에서 다른 사람을 돕는 일을 하고 있다.

부정적인 경험에서 생존한 사람들의 '성공'을 어떻게 바라볼 것인가에 관해 다양한 논의가 이루어지고 있다. 그중에는 다른 사람을 위해 헌신하거나 사회에 적극적으로 공헌하는 인도적 행위를 중시해야 한다는 의견이 있다.[1]

두 사람은 어떻게 부정적 경험을 겪고도 생존할 수 있었던 걸까? 이들의 회복탄력성을 키운 요인을 살펴보자.

B는 다섯 살 때부터 유치원에 있는 수많은 책을 탐독했다. 집에서도 독서에 빠져 여섯 살 때부터 『가정의 의학』 같은 일반인을 위한 의학서를 읽고 또 읽었다고 한다. 이 무렵부터 B는 인간의 신체에 흥미가 생겼다. 교정 의료에 대해서도 중학교 1학년 여름방학 때 독서 과제로 읽은 가가 오토히코(加賀乙彦)의 《선고宣告》에서 알게 되었다. 죽음을 앞두고 고뇌하는 사형수의 심리와 구치소 의사라는 직업에 관심이 생겼다고 한다. 이것이 40년 후 소년원 취업으로 이어졌다.

B는 중학교·고등학교·대학교 입시, 의사 국가시험같이 온갖 어려운 시험에 도전했다. B에게 공부는 힘든 것이 아니라 재미있는 것이었다. "알지 못했던 것을 알게 되어 기쁘고, 입학하기 어려운 곳에 합격하고 싶었다."

독서도 시험공부도 집중하는 그 순간만큼은 괴로움을 잊을 수 있었다. 그 순간만은 다른 세상으로 현실도피를 했을 것이다. 타고난 지적 호기심을 자극하며 순수하게 즐길 수 있는 일이기도 했다. 인생 초반에 좋아하는 것을 찾아 원하는 만큼 몰입할 수 있었던 환경이 B에게 하나의 행운이었다고 할 수 있다.

가까이 있는 사람을 돕다

B는 대학을 졸업하고 나서부터 부모에게 돈을 보냈고, 결혼한 다음에는 눈코 뜰 새 없이 일해 남편에게 막대한 재산을 넘겼다. 이혼 후에는 남성 지인에게 계속해서 돈을 바쳤다. 유년기부터 '돈을 바쳐야 살아있을 가치가 있다'고 부모에게 세뇌당한 B는 '다른 사람에게 돈을 주면 살아 있어도 된다'고 생각했던 것이다.

제3자의 눈으로 보면 이렇게까지 자기희생적으로 돈을 바치는 것은 불건전한 행위로 보일지도 모른다. 그러나 사실상 가까운 사람에게 금전적 지원을 함으로써 B는 살아있는 가치를 발견했다. 돈을 바치느라 필사적이었던 순간만큼은 신기하게도 죽고 싶다는 생각이 들지 않았다고 한다. 즉 누군가를 돕는 것으로 자신의 생을 유지하고 있었다. 누군가에게 도움이 되는 행동이 이 세상에 자신을 묶어두는 '무의식의 해결책'이었다고 볼 수 있다.

C에게는 초등학교 등교를 거부했을 때 종일 양어머니가 안아주었던 것이 중요했다고 생각한다. C 역시 인터뷰 후에 "양어머니에게 안겨 느꼈던 따스함이 제가 다른 사람과 연결되는 원점이었을지도 몰라요"라고 말했다.

적절한 애착은 트라우마 경험을 치료하는 최고의 처방전이다. 트라우마 증상을 예방하는 약이자 치료약이라고 할 수 있다.[2] 친자식이 아니라는 말을 듣고 극심한 혼란에 빠졌을 때 어린 C를 양어머니가 온전히 수용했던 행위가 C의 회복탄력성의 기반이 되었다고 생각된다.

또 이제는 세상에 없는 양어머니가 안아준 기억에서 C가 긍정적인 의미를 발견했다는 점도 주목된다. 적응적인 '의미 부여', 즉 인생 경험을 깊게 통찰하고 더 긍정적인 방향으로 재구성하려는 당사자의 해석은 회복탄력성의 발휘로 이어진다고 한다.[3] C는 양어머니가 안아준 기억과 현재 인생을 살아가는 방식, 그리고 미래에 대한 전망을 연결하면서 강인하게 살아내는 힘을 얻은 것 같다.

생활 지원 제도와 주변의 도움

C가 간호사가 되겠다고 결심할 수 있던 배경에는 고등직업훈련 촉진 지원금이 크게 작용했다. 이는 한부모 가정에서 전문 자격을 취득하도록 지원해 주는 제도로, 주민세 비과세 가구는 월 10만 엔을 지급받는다. 이 지원만으로 생활하기는 어렵지만, C가 앞으로 한 걸음 내딛게 한 중요한 기회였다.

또한 C가 간호학교에 입학할 당시 간병 아르바이트를 했던 병원의 수간호사가 C가 장학금을 받도록 힘써주었다. "주변에 그런 사람들이 있어서 제가 힘을 낼 수 있었어요."

B와 C의 사례는 본인의 노력도 있었지만 주변 환경에 회복탄력성을 키워준 요인도 있었다고 볼 수 있다. 이러한 개별적 회복탄력성 요인이 ACE 생존자 모두에게 유익한 요인으로 일반화될 수는 없다. 그러나 본래 갖고 태어난 능력이나 개인의 노력 외의 영역에도 회복탄력성을 키우는 열쇠가 있음을 알 수 있다.

ACE 생존자의 회복탄력성을 저해하는 요인

어렵게 타인에게 마음을 열었는데 기대가 좌절당해 상처가 쌓이는 동안 ACE 생존자는 사람을 더욱 믿지 않게 되거나, 사회에 대한 기대를 버리거나, 고립과 고독이 깊어지기도 한다.

이해가 부족한 타인이 초래하는 재트라우마

한편 괴로운 현실도 있다. 두 사람 다 현재에 이르는 과정에서 다른 사람과 소통이 잘되지 않아 또다시 상처받은 에피소드도 들려주었다.

바로 자신의 피해를 누군가에게 말하려 하거나 도움을 얻으려 할 때 오해받거나 거절당하고, 바라던 도움을 얻지 못하는 상처의 경험이다. 이러한 경험을 '재트라우마'라고 한다. 상처가 난 자리에 소금을 뿌리는 행위나 다름없는 재트라우마의 경험은 이 두 사람뿐 아니라 내가 인터뷰한 사람들에게서 대부분 발견되었다.

ACE 생존자가 남에게 자신의 과거를 말하거나 도와달라고 부탁하기란 쉬운 일이 아니다. B의 표현을 빌리자면, '남에게 말해도 소용없다'는 체념과 타인에 대한 불신이 기저에 깔려있어 먼저 상처를 드러내기 어렵다.

너무나 괴롭고 비참한 상황을 조금이라도 개선하려고 그나마 말할 수 있는 만큼만, 지푸라기라도 잡는 심정으로 이야기하는 경우가 대부분인데, 이야기했다가 오히려 그 마음이 꺾여서 또다시 상처받는 경우가 많다.

재트라우마의 현실

B는 대학 시절 자살 미수 후 대학에 있는 진료소의 정신과에 다녔지만, 담당 상담사가 '전부 수용해주지 않는다'는 생각이 내내 들었다. 대학에는 2년 가까이 나가지 않아 대화할 상대가 상담사밖에 없었다. 부모에게서 받은 무수한 상처의 고통은 상담사와 대화해도 치유되지 않았고 역시 '남에게 말해도 소용없다'는 마음뿐이었다.

C는 어린 자녀를 어떻게 대할지 모르던 시기에 남편에

게 도움을 요청했지만, 남편은 '아예 도망갔다'고 한다. 남편은 C에게 육아를 모조리 떠넘기고 C의 고민조차 들어주지 않았다. 그런 남편에게 실망이 쌓이고 쌓여 훗날 이혼으로 이어졌다.

또 C는 육아의 부담을 조금이라도 덜고자 구청에 방문해 시간제 보육을 상담한 적이 있다. 당시 취업한 상태가 아니면 시간제 보육은 이용할 수 없다는 담당 직원의 말과 함께 문전 박대까지 당했다. 하물며 전문가에게 육아 고민 상담을 받을 기회도 얻지 못했다.

다른 ACE 생존자들의 재트라우마 사례도 소개한다. D는 철들 무렵부터 부모에게 극심한 신체적 학대를 받고 자랐다. 초등학교 3학년 때 집에서 폭력을 당하고 있다고 담임선생님께 용기 내어 말했지만, "그러면 엄마랑 아빠한테 그렇게 하지 말아 달라고 말해보면 어때"라는 대답이 돌아왔다고 한다. D는 담임선생님의 무책임하고 무관심한 태도에 고작 아홉 살의 나이에 '아무한테도 말하지 않는 게 나를 위한 길이야'라고 절실히 느꼈다.

또 E는 구토와 멀미 증상이 있어 정신과에 다니고 있는데 의사가 트라우마를 제대로 이해하고 있는지 의구심이

들었다고 했다. E는 어린 시절의 신체적·정서적·성적 학대, 근친자 간 폭력에 끊임없이 노출된 탓에 건강이 나빠졌다고 생각한다. 그런데 의사는 직장 때문에 생긴 증상이라며 '적응 장애' 진단과 약 처방으로 끝냈다고 한다. 다른 질환을 의심해 보거나 성장 과정에 귀를 기울이지도 않았다. 진지하게 듣지 않던 의사가 대화 도중에 미소를 띨 때마다 E는 상처받았다고 한다.

인터뷰한 사람들 중 가장 어린 20대 F는 부모 마음대로 진로를 정하고 사랑받는다는 느낌을 받지 못하는 정서적 학대를 경험했다. 고등학생 때 마음을 연 친구에게 가족 이야기를 했다가 친구가 거리를 두었다. 이 사건으로 몹시 상처받은 F는 소중한 사람에게 가족 이야기를 할 마음이 아예 사라졌다. 모르는 남에게 부담 없이 털어놓고 싶어 무료 전화 상담을 했다가 상담원에게 "내 배 아파 낳은 자식을 싫어하는 엄마는 없을 거예요"라는 설교를 들었는데, 마치 그런 생각을 강요받는 것처럼 느껴졌다. 그다음부터는 전화 상담을 하지 않는다고 한다.

이번 장에서는 ACE 생존자 두 사람의 인생 발자취를

상세하게 들여다보며 회복탄력성 요인이 개인의 인생에서 어떻게 기능하는지 살펴보았다. 강인하게 생존한 사람들 주변에서 부정적 경험 극복에 도움을 주는 요인도 발견했다.

하지만 동시에 ACE 생존자가 먼저 도움을 요청하기 위해 한 발 내디딘 그 복원력을 저해하는, 재트라우마를 일으키는 타인의 존재 또한 확인되었다. 이렇게 상처가 쌓이는 동안 ACE 생존자는 사람을 더욱 믿지 않게 되거나, 사회에 대한 기대를 버리거나, 고립과 고독이 깊어지기도 한다.

학교나 병원, 경찰, 행정 창구처럼 특히 지원 현장에 있는 사람은 이러한 재트라우마가 일어나지 않도록 ACE 생존자가 평생 안고 있는 상처의 깊이에 대한 충분한 이해와 적절한 대응을 숙지하면 좋을 것이다.

마지막 장에서는 ACE에 맞서는 사회구조에 대해 논한다. ACE 생존자도 잘살 수 있는 사회, ACE를 예방할 수 있는 사회가 어떤 사회인지 국가별로 사례를 두루 살피면서 구체적으로 제안해보려 한다.

7

ACE 생존자가 불이익을 받지 않는 사회

현대사회에서 ACE의 의미

ACE의 배경에는 현대사회의 넘치는 스트레스,
불안정 고용 증가, 핵가족의 고립, 엄마의 독박육아,
출산 전, 어린이와 상호작용해 본 적 없는
부모의 증가 같은 여러 사회적 요인이 있다.

인생 격차의 주요 요인

앞서 일본 전국 조사에서 확인된 ACE 생존자가 생애에 걸쳐 겪는 어려움을 정리하면 다음과 같다.

ACE 점수가 4 이상인 사람은 0인 사람보다

- '질병에 취약하다'는 3.3배, 중증 우울증·불안 장애는 4배, '자살 충동이 있다'는 4.4배 확률이 높다.
- 중졸은 2.9배, 고졸은 1.6배, 실업은 1.8배, 비정규 고용은 1.3배, 빈곤은 1.7배, '가구 연 소득 300만 엔 미만'은 1.8배 확률이 높다.
- 미혼은 1.3배, '이혼'은 1.9배 확률이 높다.

- 고민이나 심리적 문제가 발생했을 때 '의지할 수 있는 사람이 없는' 상황이 될 확률은 2.7배 높다.

ACE 점수가 3 이상인 부모는 0인 부모보다

- 자녀에 대한 신체적 학대는 1.8배, 정서적 학대와 방임은 2배 확률이 높다.

이 책에서는 인생 초반에 경험한 ACE가 장기간 반복적인 유독성 스트레스가 되어 심신이 피폐해지고 생애에 걸쳐 건강을 해칠 수 있음을 살펴보았다. 또 성인이 된 후의 사회경제적 지위나 인간관계도 취약하게 만들며, 자녀를 키우는 경우라면 학대나 방임으로 다음 세대에 '부정적 경험의 연쇄'가 발생할 가능성도 보여주었다.

이 세상에는 다양한 격차가 존재한다. 건강 격차, 발달 격차, 교육 격차, 고용 격차, 소득 격차, 연계 격차(아이의 둘러싼 가정, 지역, 학교 환경이 학력에 큰 영향을 미친다는 의미에서 생겨난 용어). 인생에서 생겨나는 다양한 격차를 '인생 격차'라고 부른다면, 이를 초래한 주요 요인 중 하나는 ACE(아동기 부정적 경험)라고 말할 수 있다.

이 책을 통해 우연히 태어난 가족의 생활환경 격차가 일생에 걸쳐 다면적인 격차로 이어진다는 실태를 이해했을 것이다. 어린 시절에 여러 부정적 경험에 노출된 사람은 불리함이 누적되면서 부득이하게 괴로운 인생을 보낸다. 그런 인생은 마치 출발선부터 팔다리에 모래주머니를 여러 개 달고 남들보다 멀고 험난한 산길을 달려야 하는 혹독한 경주와 같다.

또한 ACE 생존자의 문제가 '사각지대에 있는 소수자의 문제'라는 점이 중요하다. 민족성, 신체장애 등 다수자와의 차이가 확연히 드러나는 소수자들과 달리 ACE 생존자는 쉽게 알아차릴 수 없다. 당사자 또한 자신의 상처를 말하려고 하지 않는다. ACE 생존자는 당사자도, 주변 사람들도 원인을 알 수 없는 인생의 고통을 끌어안고서 아무한테도 발견되지 않고, 보살핌을 받지 못한 채 고립되어 살아가는 경우가 많다.

왜곡된 사회구조의 피해자

ACE 생존자가 이렇게까지 많은 불리함을 안고 살 수밖에 없는 이유는 무엇 때문일까? ACE는 어렸을 때부터 짊어지고 살 수밖에 없는 '불운'일까? 아니면 당사자의 노력으로 이겨내야 할 '시련'일까?

나는 ACE 생존자가 맞닥뜨리는 크고 많은 불리함은 이런 현실을 외면하고 제대로 대응해오지 않은 사회의 태만 때문이라고 생각한다.

애초에 ACE(학대, 방임, 부모의 이혼, 근친자 간 폭력, 가족의 의존증이나 정신 질환 등)의 배경에는 현대사회의 넘치는 스트레스, 불안정한 고용 증가, 핵가족의 고립, 아이 엄마에게 치우친 가사·육아 부담(성평등 문제), 출산 전에 어린이와 상호작용해 본 적 없는 부모의 증가 같은 여러 사회적 요인이 있다. 일종의 왜곡된 사회구조의 피해자이기도 한 ACE 생존자가 짊어진 인생의 고단함은 사회적으로 해결되어야 한다.

최근 아동 학대나 '독이 되는 부모', 가정폭력, 아동 빈곤, '영 케어러(young carer, 가족돌봄아동)' 등 밀실화된 가족에 가려진 아동 피해나 권리 침해 문제가 각종 미디어에서 속속 보도되고 있다. 정부 차원에서 이에 대응하려는 움직임도 보인다.

그러나 우리는 가족으로 인해 괴로운 어린 시절을 보낸 아이가 성인이 되고서 걷게 될 인생의 혹독함에 대해 얼마나 알고 있을까?

우리 사회에는 ACE라는 개념이 거의 알려져 있지 않고, ACE의 장기적인 악영향의 실태를 알 기회가 너무도 부족했다.

지금까지의 우리 사회는 ACE라는 인생 최대의 핸디캡을 안고 누적되는 불리함 때문에 괴로운 인생을 살게 되는 이들에게 눈길을 주지 않았다고 할 수밖에 없다. 이런 문제를 접해도 아이들이 짊어지게 될 가족 문제를 개인적인 문제로만 여긴 건 아닐까? 그 결과, 수많은 ACE 생존자는 성장과 함께 인생의 고통이 누적되고 그 상태로 방치되었다.

우선은 ACE 생존자가 평생 짊어진 다면적이고 장기적인 불리함의 실태를 올바르게 알 필요가 있다. 그러고 나서 'ACE 생존자가 살기 좋은 사회'를 현실화하는 방책을 모색해야 한다.

동시에 ACE 자체를 예방하는 일도 중요하다. 학대, 방임, 다양한 가정 문제가 생기지 않도록 사전에 'ACE를 예방할 수 있는 사회'가 되기 위해 무엇을 할 수 있을지 생각해야 할 때다. 한편, ACE 항목 중 하나인 부모와의 이별(부모의 이혼·별거)는 ACE 예방 논의에 어울리지 않는다. 부부 갈등이 심한 가정에서는 아이가 반드시 부정적 경험을 하며, 이를 해결하는 수단으로 이혼을 택하는 경우도 있기 때문이다.

ACE에 맞서는 사회구조

요즘 교육 개선의 키워드로 부상하는 '팀 학교'는
학교 사회복지사나 학교상담사를 배치하고
교사와 교사가 아닌 사람들을 저마다의 전문성을
발휘하는 '팀'으로 연계하는 학교 체제를 지향한다.

해외의 ACE 대응과 예방책

그렇다면 사회복지, 의료, 보건, 교육, 사법 등의 사회구조가 어떤 방향으로 나아가야 할까? ACE 연구가 시작된 미국의 대응을 살펴본다.

미국 질병통제예방센터의 ACE 방지 전략

미국 질병통제예방센터(CDC)는 보건복지부 산하기관 중 한 곳으로 감염증, 위기 대응 등 여러 건강 문제에 대응하는 중추 역할을 한다. 질병통제예방센터는 ACE를 공중보건상 중대한 위험 요인으로 판단해 2020년 9월 'ACE

방지 전략'을 발표했다.

이 방지 전략의 목적은 'ACE를 발생 전에 예방하며 ACE를 경험한 사람을 찾아내 트라우마에 근거한 접근법으로 대응하는 것'(6항)이라고 규정되어 있다.[1] 즉 ACE의 '예방'과 기존 ACE 생존자의 '탐색 및 대응'을 동시에 추진하는 방향성이 보인다.

이 목적을 달성하기 위한 구체적인 목표로는 ① ACE 발생률과 그 특징을 평가할 수 있는 동향 조사 강화, ② 혁신적인 ACE 연구 지원, ③ 지역 서비스 제공자에게 기술 지원 제공, ④ ACE 예방·탐색·대응을 위한 공중보건 접근법을 주요 파트너에게 전파, 이 네 가지가 언급된다.

①의 동향 조사와 관련해서는 이미 2009년 이후 48개 주와 워싱턴 DC가 BRFSS를 통해 ACE에 관한 데이터를 공식적으로 수집하고 있다. BRFSS란 질병통제예방센터가 주관하는 '행동위험요인 평가시스템(Behavioral Risk Factor Surveillance System)'을 말한다. 건강 및 질환에 관한 주요 지표 데이터를 수집하기 위해 매년 전화 설문조사를 실시하는 주(州) 단위의 동향 조사 시스템이다. 이를 통해 각 주의 보건국은 성인 인구 대비 ACE 경험률과 그 영향

의 실태를 파악할 수 있다. 게다가 이 BRFSS 데이터를 이용한 연구 결과는 이미 여러 차례 발표되었다.

③기술 지원과 관련해서는, 예를 들면 질병통제예방센터는 『ACE 예방: 이용 가능한 최선의 근거 활용』이라는 소책자를 만들어 보급하고 있다.[2] 이 책자에는 채택 가능한 접근법(경제적 지원, 유아기 가정 방문, 공교육 캠페인 등)의 영향에 관한 연구 결과(근거)가 요약되어 있어 공중보건, 의료, 교육, 치안, 사법, 사회복지, 기업 등 다양한 부문의 관계자가 ACE 예방 대응책을 세울 때 참고 자료로 쓸 수 있다.

가정 방문 강화

오늘날 가정 방문은 아동의 부정적 경험을 예방하는 가장 일반적이고도 많이 연구된 개입 방법 중 하나다.[3] 덴마크나 프랑스, 영국 등에서 실시되는 프로그램이었는데, 최근 미국에서도 아동복지 향상에 효과적인 전략으로 보고 있다.

2010년 승인된 환자 보호 및 부담적정보험법(Patient Protection and Affordable Care Act), 통칭 오바마케어에 의

해 '영유아 가정 방문 프로그램(Maternal, Infant, and Early Childhood Home Visiting Program: MIECHV)'이 시작되었다.[4]

이 프로그램은 임신 중인 여성이나 영유아가 있는 가정에 효과가 증명된 가정 방문 프로그램을 제공하는 주·준주·단체에 자금을 지원한다. 2021년에는 56개 주·준주·비영리 단체에 약 3억 4,200만 달러를 지원했다.

이 프로그램의 자금을 받으려면 보건복지부 기준에 충족하는 '효과가 증명된 영유아기 가정 방문 서비스 제공 모델'이 도입된 대응책을 시행해야 한다. 2022년 기준, 20개의 가정 방문 모델이 유효성에 관한 근거 기준을 충족한다고 인정받았고, 이 정보는 HomVEE(Home Visiting Evidence of Effectiveness)라는 웹사이트(https://homvee.acf.hhs.gov)에서 확인할 수 있다.

이 가정 방문 모델 중 하나인 가정 방문 간호 서비스(NFP, Nurse Family Partnership)라는 유명한 프로그램을 자세히 살펴보자.

가정 방문 간호 서비스는 출산 경험이 없는 저소득 임산부와 태아를 대상으로 하는 프로그램이다. 훈련받은 소속 간호사가 대상자가 임신했을 때부터 태어난 아이가 두 살이 될 때까지 정기적으로 가정 방문을 하고, 엄마와 아이의 건강과 생애 과정을 개선하는 데 목표를 둔다. 예를 들면 임신 중에는 체중 관리 외에 담배·알코올·약물 복용을 하지 않도록 지도한다. 출산 후에는 부모의 육아 능력을 키우거나, 아이 아빠나 파트너가 자녀와 교류하도록 돕거나, 엄마의 앞날을 대비해 교육, 취직이나 임신 계획을 세우도록 지원한다.[5]

이러한 가정 방문의 효과는 미국의 세 지역에서 실시된 무작위 비교 시험을 통해 검증되었다. 구체적으로 보면, 임신 중 평균 9회, 출산 후 두 살이 되는 생일날까지 평균 23회의 가정 방문 서비스를 받은 개입군의 여성은 비교군 여성과 비교해 자녀가 15세가 되기 전까지 학대·방임 발생 위험률이 46% 감소했다고 보고되었다(참가자 한 명당 평균은 비교군은 0.54인 반면 개입군은 0.29).[6] 특히 저소득 미혼 여성 임산부에 대한 개입이 비용 대비 효과가 높아 투입된 비용의 4배로 환산되는 이익을 사회에 돌려주었다.[7]

각 주의 ACE 대책

캘리포니아주는 주 전체가 ACE 스크리닝을 실시하는

대응책을 최초로 도입했다. 스크리닝(screening)이란 '선별'을 뜻하며, 질병이 의심되는 사람을 발견하려고 실시하는 검사를 의미한다.

또 캘리포니아주에서는 'ACEs Aware Initiative'라는 ACE 스크리닝에 주력한 미국 내 최초의 대응책이 추진되고 있다. http://www.acesaware.org에서 ACE 스크리닝 도구와 무료 온라인 훈련을 제공하며, 의료 서비스 제공자 자격증과 훈련 이수를 증명하면 스크리닝에 필요한 보조금을 받는다.

워싱턴주는 2009년에 BRFSS(행동위험요인 평가시스템)에 ACE 모듈을 추가하고 성인 인구 대비 ACE 경험률을 평가하고 예방책의 수준을 올린 최초의 몇 개 주 중 하나다.[8]

워싱턴주의 남다른 ACE 데이터 수집은 서비스 제공에 변화를 일으키는 동시에 수많은 프로그램을 개발하는 것으로 이어졌다. 예를 들면, 빈곤 가정 임시 보조금을 지원받는 부모에게 정신 보건의 문제와 약물 남용 조짐이 보이면, 그 가정에 방문하거나 또는 헤드 스타트 프로그램 등을 강화한다. 또 소년 범죄자의 ACE 경험률이 높다고 알려져 있으므로, 보호관찰관은 ACE에 많이 노출된 소년 범죄자를 가족 치료 프로그램에 우선 참여시킨다. 또한 트라우마에 노출된 아이에게 미칠 악영향을 완화시키는 동시에 가족관계를 강화시킨다. 한편, 아동 학대를 예방하는 환경을 조성하고자 '다정한 (트라우마에 지식이 있는) 학교 제도(Compassionate [Trauma-Informed] Schools Initiative)'라는 프로그램으로 ACE에 노출된 학생의 정학과 퇴학을 예방한다고 한다.

온라인에서 확대되는 ACE를 알리는 활동

ACE 연구를 전 세계에 알린 주요 인물 중 한 명은 네이딘 버크 해리스다. 네이딘은 샌프란시스코에서 가장 열악한 환경이라 불리는 베이뷰 헌터스 포인트(Bayview-Hunters Point) 지역에서 소아과 의사로 일하며 아동기의 부정적 경험과 생애에 걸쳐 나타나는 질병에 연관성이 있다고 확신했다. 네이딘은 자신이 일하는 소아과 병원에서 ACE 점수에 따른 평가 및 진단을 활용한 치료를 하고 있다.

네이딘은 2015년 TED 강연에서 ACE를 둘러싼 그녀의 이야기와 ACE 연구가 무엇인지 소개해 세계적으로 주목받았다. 그리고 2018년 『불행은 어떻게 질병으로 이어지는가 The Deepest Well』를 출간했다.[9]

이 밖에도 온라인 공간에는 많은 사람들이 ACE에 관한 정보를 접할 수 있는 기회가 열려 있다. 잘 알려진 사이트는 소셜 네트워크 PACEsConnection.com과 뉴스 사이트 ACEsTooHigh.com이다. 둘 다 2012년 저널리스트 제인 스티븐스가 개설했다.

PACEs Connection(구 ACEs Connection)은 ACE 연구에 근거해 회복탄력성을 키우는 사람들이 모이는 소셜 네트워크다. 회원에게는 ACE 연구나 트라우마 관련 정보, 성공적인 사례를 제공한다. 2022년 기준으로 회원 수는 4만 명을 넘었다.

ACEs Too High는 누구나 ACE 연구에 관한 정보를 볼 수 있는 뉴스 사이트다. 이곳에서 ACE와 관련된 역학, 신경생물학, 후성유전학, 트라우마 등의 연구 지식을 얻을 수 있다. 또 이 사이트의 개설자이자 발행자인 제인 스티븐스가 ACE 과학의 시선으로 시사 문제를 다룬 최신 기사도 볼 수 있다.

ACE를 측정하려는 국제적 시도

세계보건기구(WHO)는 모든 국가에서의 ACE와 이후의 인생에 일어나는 위험 행동 사이의 연관성을 측정하기 위한 목적으로 ACE-IQ(ACE International Questionnaire)라는 질문지를 만들어 온라인에서 배포하고 있다.[10] 이 질문지에서는 부모의 사망, 동료의 폭력 및 괴롭힘, 지역 사회의 폭력 목격, 전쟁이나 집단적 폭력 노출 등도 ACE 항목으로 채택했다. 향후 전 세계 건강 조사에 도입될 것으로 예상된다. 실제로 ACE-IQ는 수많은 연구에서 현재 사용되고 있고, 케냐, 레바논, 사우디아라비아, 이라크 등에서 실시하는 조사에도 활용된다.[11]

ACE 연구가 TIC 보급을 촉진하다

TIC(Trauma Informed Care)란 트라우마(Trauma)에 지식이 있는(informed) 치료(care)를 말한다. 즉 트라우마에 관한 올바른 지식으로 적절한 치료를 한다는 의미다. ACE와 더불어 TIC 개념도 미국에서 1990년대 후반부터 확산되었다.

TIC가 보급된 배경에는 ACE 연구의 확산도 있지만, 이

밖에도 여성 트라우마 생존자에 관한 연구가 축적되고, 정신과의 격리·신체 구속이 개선되고 있는 사회적 상황도 있었다.[12] 미국 약물 남용 및 정신보건관리국(SAMHSA)이 TIC를 추진하고 다양한 활동과 네트워크가 발전하면서 2005년 미국 TIC 센터가 설립되었다.[13]

미국 약물 남용 및 정신보건관리국의 TIC 지침에 따르면 TIC에는 네 가지 R이 필요하다. 첫째, 지원 조직 및 시스템에 소속된 사람은 모두 트라우마의 광범위한 영향을 '이해'해야 한다(Realize). 둘째, 대상자와 그 가족 그리고 담당자에게 생기는 트라우마의 징조나 증상을 '인식'해야 한다(Recognize). 셋째, 지원 조직 및 시스템은 트라우마에 관한 지식에서 방침·절차·실천 방안을 충분히 종합해 '대응'해야 한다(Respond). 넷째, 대상자와 담당자 사이에서 '재트라우마를 예방'해야 한다(Resist retraumatization).[14] TIC는 트라우마가 있는 사람이 진정으로 안심할 수 있는 공간을 제공하고 '재트라우마'를 일으키지 않는 관계를 목표로 하는 프로그램이다.

TIC의 효과를 검증한 연구도 늘고 있는데, 예를 들면 정신 질환과 약물 복용 문제가 있는 여성을 대상으로 한 연구에서는 TIC 개입군이 일반 치료 개입군보다 트라우마 증상과 정신 건강이 호전되었다는 보고가 있다.[15]

이처럼 TIC에 대한 이해가 깊은 미국에서는 The National Child Traumatic Stress Network(NCTSN) 사이트[16] 등에서 TIC를 실천하는 지원자 리스트를 온라인에서 열람할 수 있고, 거주지 인근 지역에서 TIC를 실천하는 지원자와 그 연락처를 얻을 수 있다.

이처럼 미국을 중심으로 ACE 대응책과 예방책이 공공기관과 민간 양쪽에서 추진되고 있다. 평가시스템(surveillance system)에 의한 ACE 조사 실시, 가정 방문 프로그램 추진, TIC 보급 등 국가적인 대응책도 이미 진행되고 있어 ACE를 사회적으로 해결해야 할 우선 과제로 설정했음을 알 수 있다.

일본의 ACE 대응 사례

'ACE'라는 용어마저 생소한 일본은 ACE 대응에서도 미국보다 몇 단계 뒤처진 상태다. 한편 일본의 각 지역에서 시행하는 대응책 중 ACE 대응책 및 예방책이 될 만한 실천 사례가 있다. 향후 일본의 대응 모델 사례가 될 수도 있는 주목할 만한 사례를 소개한다.

다지마미나미초중일관교의 살아있는 교육

오사카시 이쿠노구에 있는 오사카 시립 다지마미나미초등학교(2022년 4월 이쿠노미나미초등학교와 다지마초등학교가 통합되어 설립)와 다지마중학교(다지마미나미초중일관교[田島南小中一貫校]로 통칭)에서는 '살아있는 교육'이라는 교육 프로그램을 시행하고 있다. 이 프로그램은 황폐해진 학교가 되살아난 실천 사례로 NHK에도 보도되어 교육 관계자들이 주목하고 있다.

이 교육법은 2013년 통합 전의 이쿠노미나미초등학교에서 출발했다. 당시 폭력과 폭언이 만연한 학교 현장에서 아이들을 위해 무엇을 할 수 있는지 모색하던 중 교사들이 만든 프로그램이 바로 '살아있는 교육'이다.

'살아있는 교육'에서는 초등학교 1학년부터 중학교 3학년까지 총 9년 동안 트라우마와 직결된 주제를 체계적으로 다룬다. 학년별로 배우는 주제가 다음 표에 나온다.[17]

한눈에 보는 '살아있는 교육'

학년	배울 주제
초1	소중한 몸과 마음 - 나만의 영역을 배운다
초2	우리는 모두 아기였다 - 생명의 뿌리를 거슬러 오르다
초3	아동권리조약을 알고 있나요? - 지금의 나와 마주하다
초4	열 살의 헬로워크(정부에서 지원하는 구직 알선 창구) - 라이프 스토리 워크의 관점
초4	모여라! 무수한 별들☆ - 생각해 보자, 모두의 울퉁불퉁
초5	사랑? 아니면 지배? - 관계의 관점에서
초6	가정에 대해 생각해 보자 - 결혼, 육아, 부모 자식 사이
중1	뇌와 몸과 마음과 나 - 사춘기 트라우마와 애착
중2	현실 속 데이트 폭력 - 지배와 의존의 메커니즘
중3	사회 속의 부모와 자녀 - 아동 학대의 관점에서

(西澤·西岡 감수/小野 외 편집 (2022)의 서장 표-2)

초등학교 1학년은 자신의 몸과 마음을 소중히 대하는 법을 배운다. 2학년은 임신 등을 통해 생명의 무게와 온기, 자신의 뿌리를 알아본다. 3학년은 '아동의 권리'를 배우고, 4학년은 자신의 10년 역사에서 '미래 예상도'를 잇는 라이프 스토리 워크(Life Story Work, 아이가 과거의 사건과 가족을 이해하고, 자신의 성장 과정에서 느낀 감정을 신뢰할 수 있는 어른과 정리해가는 작업)를 실습한다. 또 장애의 특성과 해결책에 대해서도 생각해 본다. 5학년은 좋은 관계와 지배적 관계를 배우고, 6학년은 부부나 부모 자식 사이에서 사람은 상처를 줄 수도 있고 치유할 수도 있는 존재임을 이해한다.

중학교 1학년은 트라우마와 애착의 관점에서 뇌와 몸과 마음의 연관성을 과학적으로 이해한다. 2학년은 데이트 폭력에 숨은 지배와 의존을 배우고 '사람을 배려하는 규칙'에 대해 생각해 본다. 그리고 3학년은 실제 아동 학대 사건의 심리평가로 제작된 교재를 바탕으로 아이들이 짊어진 가족 문제를 '사회문제'로 바라보는 시선을 배운다.

이처럼 '살아있는 교육'은 성교육에 대한 지식 학습을 기반에 두고 나와 타인의 권리 보호를 이해하고, 좋은 인간관계를 맺는 인생의 기술을 학습하는 데 목표를 두고 있다.

중요한 점은 아이들이 이 수업을 통해 자신의 성장 과정과 마주하고 트라우마를 자각하며, 친구들과 나누는 대화 속에서 미래에는 '어떻게 살아야 할까?' 생각해 볼 수 있다는 것이다. 아이들은 '살아있는 교육'을 통해 인생의 어려움을 해결하는 데 필요한 지식과 기술을 익히고, 친구들과 대화하면서 서로의 역량을 높여 각자의 회복탄력성을 키운다.

이렇게 트라우마와 정면으로 마주하고 아이들이 가진 회복탄력성을 자극하는 수업은 획기적인 시도이며, 이런 수업이 공립학교에서 시작되었다는 점도 놀랍다. 나도 2021년 당시 이쿠노미나미초등학교의 공개수업과 강연회에 참석한 적이 있는데, 교실마다 아이들이 인생의 문제를 진지하게 고민하고 토론하는 모습이 감격스러웠다. 더불어 이런 프로그램을 고안하고 정립한 교사들의 열의에도 감동했다.

다지마미나미초중일관교에서는 국어 교육에도 힘쓰고 있었고, 연구자들과 협력해 커리큘럼을 만들어가는 모습도 볼 수 있어서 교육 관계자들에게 도움이 된다고 생각한다. 2022년 출간된 『'살아있는' 교육: 자기 긍정을 키우고 나와 다른 사람을 소중히 여기는 법을 배우다 「生きる」教育: 自己肯定感を育み,自分と相手を大切にする方法を学ぶ』에서 관련 내용을 찾아볼 수 있다.

마음의 상처를 치료하는 커뮤니티 사업(TICC 사업)

일본에서 TIC 이념을 사회에 알리는 활동을 하는 단체는 일반 사단법인 TICC다. 이 단체가 운영하는 '마음의 상처를 인식하고 배려 또는 치료가 가능한 친구 만들기를 커뮤니티에 확산시키는 대응책'이 TICC(Trauma Informed Care/Community) 사업이다.[18]

이 사업에서는 TICC 이념에 따라 다양한 상처가 있는 아동과 성인의 트라우마를 경감하고 포용할 목적으로 대응책을 실시하고 있다.

예를 들면 트라우마에 특화된 전국적 인재 육성 강좌가 2002년에 시작되었다. 육성 강좌에는 두 종류가 있는데, 하나는 트라우마가 있는 사람을 이해하고 지원하는 TI 서포터(트라우마에 관심 있는 사람) 대상이고, 또 다른 하나는 트라우마가 있는 사람의 치료를 총괄하는 TI 코디네이터(의료, 보건, 교육, 복지 종사자) 대상이다. TICC 웹사이트 (http://www.jtraumainformed-tic.com/)에서 온라인 강좌 신

TICC에서 배포하는 소책자

(JST·RISTEX 프로젝트 사무국, 2020)

청이 가능하며 20~30분 정도의 동영상을 6개 수강하면 인증서가 발급된다.

또 이 사이트는 TIC를 공부하는 연수회 전용 자료(2분짜리 동영상과 PDF 파일)와 소책자를 무료로 제공한다. 다양한 직종의 전문가들이 만든 소책자[19]에는 트라우마와 ACE 연구, TIC가 알기 쉽게 정리되어 있어 관련 지식이 없는 사람들에게도 유용하다.

KYOTO SCOPE

TIC 관점을 배우는 목적으로 만들어진 사이트(https://kyoto-scope.com/). KYOTO SCOPE는 사회적 어려움이 있는 여성에게 트라우마를 고려한 지원을 하기 위한 웹 플랫폼이다. 운영은 교토대학 대학원 의학연구과 사회건강의학계 전공 건강정보학 분야에서 맡고 있다.

예를 들면 '모델 사례와 대응'이라는 페이지에는 '일곱 명의 자녀가 있는 싱글맘의 임신'이라는 가상의 사례를 제시해 TIC 관점에서 어떤 대응이 필요한지 알려준다. 또 '연관성이 있다고 추측되는 ACE' 즉 이 모델 사례의 환자가 겪고 있을지도 모르는 ACE를 알려주면서 환자의 배경을 더 깊게 이해하는 자세를 촉구한다.

또 KYOTO SCOPE는 정기적으로 온라인 사례 연구회를 개최해 다양한 임상 현장에서 일하는 지원자들(교토부 안팎의 의료기관 직원, 행정 직원, 대학 교원 등)이 모델 사례를 토론하는 기회를 제공한다. 소속 기관과 전문성의 벽을 허물고 서로를 마주 보면서 교류하는 것은 훗날 어려움이 있는 사람과 실제로 만났을 때 행정 지원, 지역 자원과 연결시켜줄 때 도움이 된다.

이처럼 ACE나 트라우마를 이해하는 사람들끼리 ACE나 TIC 이념을 알리는 활동을 하거나 아이들이 트라우마를 배우도록 교육 현장에서 실천하고 있다. 하지만 일본 전체로 보면 아직 걸음마 수준이다.

마지막으로 ACE 생존자가 회복할 수 있는 사회를 만들기 위해 필요한 노력을 네 가지로 나누어 제시한다.

ACE 생존자에게 우호적인 사회가 되려면

ACE 생존자들은 "어릴 때 안심하고 도망칠 수 있는
장소가 필요했다"고 입을 모아 말했다.
학대 대응 창구가 진정한 '피난소'가 될 수 있도록
우리 모두 지속적인 관심을 기울여야 한다.

1. 지원자 양성 현장에 ACE·TIC 교육 도입

우선 ACE 생존자와 접촉할 가능성이 있는 지원자에게 ACE 연구 지식을 배우고 TIC의 관점을 익힐 것을 제안한다. 여기에 해당하는 지원자는 의료 제공자, 사회복지사, 심리 상담사 등이다.

ACE 생존자 대부분은 자신의 상처를 남에게 보여주지 않는다. 그러나 몸과 마음에 장애가 생기거나, 경제적 궁핍이나 의존증, 가정폭력 피해가 있는 경우 결국 병원 또는 공공기관이 이들을 '사회와 연결해주는 접점'이 되는 경우가 많다. ACE 생존자와 지원자가 직접 만나는 상황에서 적절하게 대응하고, 적어도 '재트라우마'를 일으키지 않는 교류를 해야 한다.

이때 지원자에게 필요한 소양은 TIC(트라우마에 대한 올바른 지식으로 적절하게 치료하는 것)다. 여러 ACE를 경험하고 있을 가능성이 큰 사람과 소통할 때 특히 TIC가 권장된다.[20]

TIC는 당장 눈앞에 벌어진 문제행동에 가려서 보이지 않는 것을 트라우마의 '안경'으로 찾아내고 트라우마에 대한 이해를 바탕으로 대응한다는 의미다.[21] '사각지대에 있는 소수자'이기도 한 ACE 생존자는 이 트라우마의 '안경'을 통해 비로소 보이기 시작한다. 트라우마가 있다는 전제하에 대상자에게 안전한 장소를 제공하고 대상자의 의견을 존중하며 '재트라우마'를 방지하는 것이 TIC의 목표다.

일본에서 TIC가 소개된 시기는 2014년 이후다.[22] 정신과 의료 영역에서부터 TIC 개념이 확산했고 일본 정신과 구급 학회의 『정신과 구급 의료 가이드라인 2015년판』에 TIC 항목이 포함되었다. 일본 트라우마·스트레스 학회나 일본 우울증 학회 등 학술 대회에서 TIC에 관한 심포지엄

이 개최되는 등 최근 TIC를 알리는 활동이 늘고 있다.

하지만 ACE 생존자와 접촉할 가능성이 있는 전문가들이 모두 이 TIC를 필수 지식으로 인지하고 실천하고 있지는 않다. 그 결과, 트라우마가 있는 사람에게 부적절하게 대응한 탓에 '재트라우마'를 일으키기도 한다.

이상적으로는 의사, 간호사, 사회복지사, 정신 보건 복지사 같은 의료·복지 전문직 양성 커리큘럼에 ACE 지식과 TIC를 필수 항목으로 넣는 것이 바람직하다. 또한, 이미 지원 현장에서 일하고 있는 전문직 종사자에게 ACE와 TIC를 배울 연수 기회를 제공하면 좋을 것이다. 앞서 소개한 'TIC 서포터' 양성 강좌 등 기존에 전문가들이 개발한 콘텐츠를 이용하는 방법도 좋다.

다만 이러한 강좌를 개인이 그냥 듣고 끝내기만 해서는 TIC의 효과를 기대할 수 없다. 중요한 것은 지원 기관 전체 시스템으로 TIC에 대응할 수 있는가이다. 이는 각 지원 기관이 어떤 지원을 제공하고 싶은가에 대한 의사결정권자의 '비전'에 달려 있다.

이처럼 TIC를 실천하는 지원자의 정보는 ACE 생존자가 알기 쉽게 만드는 것이 바람직하다. 앞서 설명한 미국의 NCTSN처럼 TIC를 실천하고 있는 지원자 리스트를 온라인에서 확인하고 자신의 주변에 있는 지원자를 알아내는 게 수월해진다면 ACE 당사자는 한 걸음 나아갈 수 있을 것이다. 향후 일본에서도 TIC를 실천하는 사람에 대해 알 수 있는 정보 플랫폼이 나오길 기대한다.

트라우마에 대한 이해를 서비스 전체에 도입하는 TIC를 지향하는 한편, 당연한 이야기지만 트라우마 자체의 치료도 적절하게 포함해야 한다. 정신과 의료 영역에서는 '복합 외상 후 스트레스 장애'가 새로운 진단 항목으로 편입되었기 때문에 앞으로 이 진단을 받는 ACE 생존자가 늘어날 것으로 예상된다. 하지만 정신과 의사 스기야마 도시로(杉山登志郎)도 지적한 바와 같이[23] 현재의 정신 의료 현장이 트라우마 치료에 충분히 대응하고 있다고 말하기 힘든 상황이기에 유효한 트라우마 치료의 확립과 보급이 시급하다.

또한 취업을 못 해 경제적으로 궁핍한 복합 외상 후 스트레스 장애 환자에게는 생활 보장도 필요하다. 사회복지사는 트라우마의 관점으로 ACE 생존자의 생활 여건을 파악하고 정신장애인 복지 수첩, 장애인연금 수급 가능성

(현재는 우울증이나 조현병 등이 함께 발병하지 않는 이상, 복합 외상 후 스트레스 장애만으로는 수급이 불가하다)을 검토하고 취업 지원 및 생활보호수급 등을 연계해주어야 한다.

2. 학교에서의 교육 및 생존자 지원

학교에서 매일 아이들을 만나는 교사에게도 트라우마에 대한 올바른 지식이 필요하다. 앞서 설명한 다지마미나미초중일관교에서는 지금 ACE에 노출되고 있는 학생이 자신의 생활환경에서 '이상함'을 깨닫고 트라우마에 마주할 수 있는 교육 프로그램을 운영하고 있다.

미국에서도 이러한 트라우마에 대한 이해를 바탕으로 각 지역에서 학교 환경을 조성하고 있는데 이를 TIS(Trauma Informed School)라고 한다.[24]

다지마미나미초중일관교나 TIS 같은 대응책은 아동 학대와 가정폭력이 많이 일어나지만, 수면 위로 잘 드러나지 않는 우리 사회에서 아이들에게 반드시 필요한 교육이라고 생각한다. 자신의 트라우마를 알게 되면 어린 ACE

생존자의 생활 방식을 바꿀 가능성이 생기고, 이때 배운 지식과 스킬은 나중에 어른이 되어 다음 세대의 아이와 만났을 때 관계가 어그러질 위험을 줄여준다.

트라우마에 대한 올바른 지식 교육은 신뢰할 수 있는 교사가 지켜보는 안전한 장소에서 '몸과 마음을 지키는 일' '아동의 권리' '좋은 관계' '나를 돌보기 위한 사회의 자원' 등 아이들이 알고 있어야 할 주제에 대해 배우고, 반 친구들과 대화하면서 미래에 어떻게 살지 고민해 보는 것이다. 이러한 수업은 그야말로 '살아가는 힘'을 키우는 교육일 것이다.

이러한 수업이 전국에서 실시되려면 각 학교에서 검증이 되고 커리큘럼을 개선해야 한다. 이 검증과 개선을 통해 '살아있는 교육' 프로그램이 보편화되길 바란다.

현재 성범죄·성폭력 대책 강화 방침으로 '생명 안전 교육'이 전국에 보급될 계획이다. 다지마미나미초중일관교는 이 안전 교육의 시범학교이기도 하다. 정부에서는 문부과학성 사이트에 여러 교재와 지침을 공개하고 학교 재량에 따라 활용하도록 장려하고 있다. 각 학교나 지역 상황 등에 따라 적절한 내용 추가 및 삭제, 개선 후 사용도

가능하다.[25] 여기에 있는 교재에는 어느 정도 '살아있는 교육'의 정수가 실려 있으므로 교육 관계자가 이를 발전시키고 활용한다면 트라우마에 대한 올바른 지식 교육을 실천하는 데 도움이 될 것이다.

트라우마에 대한 올바른 지식 교육이 보급되면서 아이들이 자신의 ACE나 트라우마를 알게 되었을 때, 아이들의 도와달라는 신호를 교사가 포착하여 재빠르게 구체적인 지원과 연결해주는 것 역시 중요하다. 부모의 학대·방임이 있거나 가족에게 문제가 있는 경우, 이 수업은 위험징후에 반응하는 '리트머스 시험지'인 동시에 '지원의 시작점' 역할을 하므로 그런 기능도 고려해야 한다.

가정에 여러 사정이 있는 아이들이 많은 데다 교사의 노동 환경이 열악한 상황에서 일대일로 대응하기란 굉장히 어렵다. 따라서 학교 현장에 아이에게 개별적으로 대응할 수 있는 전문가가 상주해야 한다. 이때 중요한 역할이 학교 사회복지사(SSW, School Social Worker)다. 학교 사회복지사는 사회복지에 관한 전문 지식과 기술을 바탕으로 문제가 있는 학생들이 놓인 환경에 영향을 미치거나, 관련 기관과 연계 및 조정을 수행하는 사회복지사다.

2020년도에 일본 전국 학교에 2,859명이 배치되었고, 대상 학교 수는 1만 8,286교였다.[26] 이 수치는 전국 초중교의 56%에 불과해 학교 사회복지사 제도가 충분히 활용되고 있다고 말하기는 어려운 수준이다.

요즘 교육 개선의 키워드로 부상하는 '팀 학교'는 학교 사회복지사나 학교상담사(SC, School Counselor)를 학교에 배치해 교사와 교사가 아닌 사람들을 저마다의 전문성을 발휘하는 '팀'으로 연계하는 학교 체제를 지향하고 있다.

이러한 움직임 속에서 사회복지사 학자인 야마노 노리코(山野則子)는 모든 아이가 다녀야 하는 의무교육의 적용을 받는 학교야말로 아이들과 가정의 문제를 조기에 발견해낼 가능성이 있다는 점에서 학교에 근무하는 사회복지사의 중요성을 강조했다. 그리고 교사가 수집한 아이들의 정보에 대응하는 '팀 학교'를 중심으로 지역의 자원과 연계해주는 아동·가정 지원 모델 '학교 플랫폼'을 주장하고 있다.[27]

나 역시 학교에서 학교 사회복지사가 교사 등과 연계하여 문제를 조기에 발견하고 아이와 가정에 필요한 개별 지원(가정 방문, 면담 등)이나 지역 자원(자치단체, 아동 상담소, 보호가 필요한 아동 대책 지역협의회, NPO, 아동 식당 등)을 연결해주는 방향이 바람직하다고 생각한다.

문부과학성의 『2020년도 학교 사회복지사 활용 사업 실천 활동 사례집』에 따르면, 학교 사회복지사를 활용하는 대부분의 광역 자치 단체 교육위원회는 '학교 사회복지사 자질 향상' '배치 확충' '인재 확보' '대우 개선' 등을 앞으로의 과제로 꼽았다.[28] 이 과제들 또한 신속히 해결되어야 할 것이다.

3. 아동 학대 대응 시스템 개선

초등학교, 중학교에서의 어린이 ACE 생존자 대응도 필요하지만, 이것만으로는 시기를 놓치기 쉽다. 주요 ACE인 학대·방임에 관한 상담 건수 중 0세부터 6세까지의 비율이 45%를 차지한다.[29] 미취학아동이 피해를 입기 전 적절한 조기 대응이 중요하다.

이러한 아동 학대 대응의 최전선에 아동 상담소가 있다.

극심한 학대로 인한 사망 사건이 발생하면 뉴스에서는

아동 학대 상담으로 본 학대 피해 아동의 연령별 건수(2020년도)

0~2세	39,658	19.3%	45%
3~6세	52,601	25.7%	
초등학생	70,111	34.2%	
중학생	28,071	13.7%	
고등학생·기타	14,603	7.1%	
계	205,044	100.0%	

(후생노동성 정책통괄관부 참사관부 행정보고 통계실(2021)을 바탕으로 작성)

연일 사건이 보도되고 아동 상담소로 비난의 화살이 쏟아진다. 그러나 아동 상담소의 대응에 분노하거나 비판만 해서는 상황이 개선되지 않는다. 아동 상담소를 비롯해 아동 학대 대응 시스템을 신중하게 점검하고 개선해야 한다.[30]

아동 상담소의 문제 중 자주 지적되는 것이 바로 인력 부족이다. 대부분의 아동복지사(아동 상담소에 의무적으로 배치된 전문 직원)는 각자의 직무에 최선을 다하고 있지만, 급증하는 업무 대비 인력이 너무도 부족해 충분한 대응이 어렵다. 학대 대응에 비행·시설보호 대응까지 더하면, 한 명의 아동복지사가 처리하는 건수가 연간 평균 100건을 초과하는 지자체도 여럿 있다.

사회복지사 야마노 료이치(山野良一)가 보여주는 그래프는 현실을 간단히 보여준다. 이 그래프는 아동 학대 방지법이 제정된 2000년도의 학대 피해 아동의 상담 건수와 아동복지사 인원을 기준(100)으로 설정하고, 20년 동안의 추이를 보여준다. 아동학대 건수는 약 11.6배 늘어난 데 비해 아동복지사는 약 3.5배밖에 증가하지 않았다. 20년 전에 비해 아동복지사 배치가 증가했다고는 하나 급증하는 상담 건수에 전혀 미치지 못하고 있다.

문제는 그리 간단하지 않다. 2021년 4월 기준 아동복지사 근무 경력이 3년 미만인 사람은 절반 이상이며,[31] 증원 계획으로 신입 직원이 아동복지사로 배치되는 경우가 많았기 때문이다. 각 아동 상담소에서는 신입 직원 연수 등 인재 육성에 시간과 노력을 들이느라 이전보다 부담이 더욱 커지고 있다. 이러한 상황에서 양적 확대와 함께 질적(전문성) 향상이 과제로 대두되고 있다.

지금은 아동 학대에 대응하는 기관이 아동 상담소만이 아니다. 아동 상담소에서 대응하는 학대 상담 건수의 급증에만 이목이 집중되고 있지만, 자치단체에서 대응하는 아동 학대 상담 건수도 꾸준히 증가해 2020년도에는 15

만 6,778건에 달했다.[32] 아동 상담소에서 처리하는 20만 건에 비해 적지 않은 양이다. 이 자치단체의 체제에도 해결해야 할 과제가 많다. 2020년도까지 '아동·가정 종합지원거점'(학대나 빈곤 등의 문제가 있는 가정을 지원하는 거점)을 모든 자치단체에 설치하는 것을 목표로 했지만, 실제로 설치한 자치단체는 전체의 25%(431개 자치단체)에 그쳤다(2020년 4월 기준).[33]

학대 대응 창구가 된 자치단체의 담당 직원 중 업무 경력이 3년 미만인 사람이 60%가 넘고, 다른 업무와 겸임하는 직원은 96%를 차지한다(2020년 4월 기준). 대부분의 직원이 학대 대응을 전담할 수 없고, 몇 년 지나면 다른 부서로 이동하는 상황에서 아동과 가정에 세심하고 지속적인 지원은 어렵다.

아동 상담소와 자치단체에 산더미처럼 쌓인 과제 중 가장 먼저 해결해야 할 과제는 첫째, 아동 상담소의 기능을 세분화하고 부담을 낮추는 것이다. 현재 아동 상담소가 경찰에서 보고받는 가정폭력 중 가정폭력 목격 건수의 급증이 총 보고 건수를 높이고 있다. 이렇게 아이의 눈앞에서 벌어진 가정폭력 건수는 자치단체가 창구를 맡아 대응할 수도 있을 것이다. 또 아동 상담소의 장애인 상담 업무 역시 자치단체가 대신 담당해 상담을 종류별로 분담하는 개선안도 필요하다고 본다.

둘째, 아동 상담소 및 자치단체의 인력 확충과 전문성 강화도 중요한 과제다. 단순히 인력 배치를 늘리는 것이 아니라 학대 대응 전담 직원이 오래 일할 수 있는 인사 제도가 필요하다. 아동복지사나 자치단체 직원(학대 담당)은 일반 행정직과 구분해 원칙적으로 복지 전문직으로 채용한다, 복지 전문직은 인사이동이 없거나 중장기 주기로 부서 이동을 한다, 특수 근무 수당을 인상한다 등의 정책이 요구된다. 여기에는 지방 공무원 세계에서 당연시되는 '제너럴리스트형 인사'를 혁신할 필요가 있다.

이 밖에도 보호가 필요한 아동에 대해 지역협의회와 연계를 강화하고, 일시보호소 부족을 해소하고 환경을 개선하며, 아이가 자신의 의견을 진술할 때 필요한 요건을 세심하게 마련하는 등 어린이 ACE 생존자와 관련된 과제는 수두룩하다.

내가 인터뷰한 ACE 생존자들은 "어릴 때 안심하고 도망칠 수 있는 장소가 필요했다"라고 입을 모아 말했다. 아동 상담소나 자치단체의 학대 대응 창구가 진정한 '피난소'가 될 수 있도록 우리 모두 지속적인 관심을 기울여야 한다.

4. 임신할 때부터 시작하는 예방 교육

ACE 예방이라는 관점에서 꼭 강조하고 싶은 것은 아이가 ACE를 경험하기 전 엄마 뱃속에 있는 태아일 때부터 ACE 생존자에게 육아 지원을 시작해야 한다는 것이다. 즉 부모가 다음 세대에 ACE를 물려주지 않도록, 임신기부터 사회가 부모와 자녀를 돌보기 시작해야 한다.

일본에서는 임신 사실을 알게 되어 자치단체에 임신 신고서를 제출하면 모자보건수첩을 발급받도록 모자보건법으로 정해져 있다. 이 모자수첩을 수령할 때 임산부는 반드시 자치단체의 창구 직원과 대면하게 된다. 임산부와 자치단체의 접점이 생기는 이 소중한 기회를 살려 이른 단계부터 지원을 시작하는 것이 중요하다. 현재 모자수첩을 교부할 때 면접을 할지, 누가 담당할지, 어떤 내용을 물어볼지는 각 자치단체에 위임하고 있다. 요즘에는 질문지나 체크리스트로 임산부의 위험 요인을 평가하는 움직임도 확산되는 추세다.

이 모자수첩을 교부할 때 첫째, 모든 임산부를 대상으로 둘째, 공중보건사 등의 전문가가 면접을 하고 셋째, 임산부와 교류하는 관계를 만들도록 제안하고 싶다. 서로 이름을 부르는, 사람 대 사람의 관계가 되지 않으면 정말로 지원이 절실할 때 행정에 의지할 수 없다고 생각하기 때문이다.

현재 모자보건이나 아동복지 현장에서는 '위험 평가'(위험 요인이 아동이나 양육자, 가정환경 등에 있는지 검증하는 평가)로 위험 요인을 조기에 발견하고 아동 학대를 방지하는 접근법이 주류가 되고 있다. ACE 점수는 아동 학대의 위험 요인이므로 ACE 점수를 이용한 접근법(ACE 스크리닝)을 임상 현장에서 초기에 실시해야 한다고 주장할 수도 있다.

그러나 위험 평가에 따라 '고위험군'으로 분류하는 작업은 엄마들을 몰아붙이고 감시받는다고 느끼게 할 가능성이 있다.[34] 또한 ACE로 인한 트라우마 치료의 사회적 체제가 충분히 갖춰지지 않은 현 상황에서 ACE 스크리닝을 단독으로 도입하는 건 '위험 요인을 파악만 하고 지원은 하지 않는' 문제를 낳을 수 있다.

ACE 점수로 고위험군을 가려내는 작업보다는 임산부가 언제든 목소리를 낼 수 있는 관계를 형성하는 것을 우선해야 한다. 그러기 위해서는 되도록 한 담당자가 지속적으로 임산부와 교류하는 것이 바람직하다(담당 공중보건사 제도). 2022년 말부터 시작된 임산부 지원 프로그램으로 자치단체에 임신 신고서와 출생신고서를 제출할 때 면담을 받은 임산부는 출산·육아 응원 선물(산전 5만 엔 + 산후 5만 엔 = 10만 엔)을 지급받는다. 경제적 지원은 면담을 받을 수 있는 인센티브가 되지만, 지원자와의 지속적인 관계 구축 및 지원자의 전문성 확보라는 과제가 남는다.

가령 담당 공중보건사 등이 최초 면담에서 연락처가 적힌 명함을 임산부에게 건넨 후, 한 번의 면담으로 끝내지 말고, 부모 수업, 영유아 가정 방문, 영유아 검진 등을 실시할 때 아이 엄마 및 그 가족과 정기적으로 접촉하고 신뢰 관계를 구축하는 것이다. 창구에 방문하기 어려운 사람 또는 특별한 지원이 필요한 사람의 경우, 지원자가 직접 방문하는 형태의 가정 방문을 활성화해야 한다. 담당 공중보건사를 중심으로 다른 의료직이나 복지 전문직과 연계해 산후·육아기에도 아이 엄마의 필요에 언제든 대응할 수 있는 팀 체제를 마련하도록 한다.

목표는 '임신부터 육아까지 중단 없는 지원'으로 핀란드의 '네우볼라(neuvola)'가 모델이다. 주치의 역할을 하는 네우볼라 공중보건사를 중심으로 산전·산후·육아 지원이 원스톱으로 이루어지며, 아이가 있는 가정에 보편적으로 실시된다.

현재 일본에서도 모자보건과 아동복지 분야를 통합하여 아이를 키우고 있는 세대를 위한 통합 상담지원 체제를 구축하는 것을 목표로 두고 있다.

2022년 6월에 제정된 '아동복지법 등의 일부를 개정하는 법률'(2022년 개정 아동복지법)에서 자치단체에 '아동·가정 센터'를 설치할 노력 의무가 부과되었다(2024년 4월 1일에 시행).[35] 현재 임산부나 영유아 보호자를 상담해주는 '육아세대 포괄지원센터'와 학대나 빈곤 등의 문제가 있는 가정에 대응하는 '아동·가정 종합지원거점'이 공존하는 가운데, 이 두 기관을 통합해 지원 강화를 추진하고 있다.

아동·가정 센터의 위치

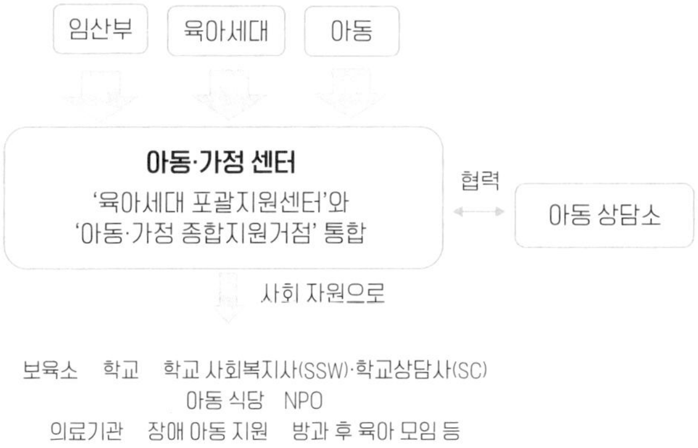

(후생노동성(2022)의 자료1을 바탕으로 작성)

아동·가정 센터에서는 지원이 필요한 임산부·육아세대(보호자)·아동을 위한 지원 계획 수립과 가사·육아를 돕는 '육아세대 방문 지원 사업' 실시를 계획하고 있다.

현재 시행되는 제도 중에는 가정 방문을 통해 생후 4개월까지의 아기가 있는 모든 가정이 대상인 '영유아가 있는 모든 가정 방문 사업(안녕 아기야 사업)'이나, 학대가 발생했거나 육아 불안이 있는 가정 등이 대상인 '양육 지원 방문 사업'이 있다.

하지만 영유아 가정 방문은 원칙적으로 단 1회뿐이고,

양육 지원 방문은 상황에 따라 임신기 때부터 여러 번 방문할 수 있지만, 전혀 시행하고 있지 않은 자치단체도 있다(2020년 4월 1일 기준으로 자치단체의 17%가 양육 지원 방문 사업 미실시).[36] 또한 가정 방문자 인재 확보와 자원 확보도 과제로 지적받고 있다.

이러한 기존 사업을 재검토하고 개선하지 않는 이상 신규 사업이나 새로운 조직 체제를 만든다 해도 똑같은 과제가 되풀이되고 실패 사례가 나올 것이다. 아동·가정 센터에 인력을 충분히 배치해 전문성을 확보할 계획이라면 당연히 풍부한 예산 지원과 지원자가 오래 일할 수 있는 인사 제도가 뒷받침돼야 한다.

'아동·가정 센터'는 ACE를 예방하려는 일본판 네우볼라의 실현 가능성을 가늠하는 바로미터라고 할 수 있다. 임신 신고서를 제출할 때 공중보건사 등이 반드시 면담을 하고 지속적인 소통을 통해 관계를 형성하여 ACE 생존자뿐 아니라 모든 엄마가 산전·산후·육아기 동안 마음 편히 도움을 요청할 수 있는 체제가 마련되길 간절히 소망한다.

지금까지 언급한 제안을 모두 실현시키기란 쉬운 일이 아니다. 많은 이들의 공감과 적극적인 재정 지출이 필요하다. 현재로서는 육아 관련 정부 지출이 GDP 대비 1.73%(2019년도)로 주요 유럽 국가들보다 낮고, 스웨덴이나 영국에 비하면 절반 정도에 불과하다.

그러나 2023년 4월 '아동가정청'이 신설된 지금은 어린이가 안심하고 살아갈 수 있는 정책을 강화할 좋은 기회가 될 수 있다. 지금의 사회구조를 안심하고 아이를 키울 수 있도록 바꾸려면 모두의 노력이 필요하다. 연구자 여러분들이 분야를 막론하고 ACE에 관한 연구를 더욱 발전시켜 ACE 예방법과 대응책 그리고 트라우마 회복법에 대한 과학적 근거를 함께 축적해 나가길 희망한다. 그리고 정부 기관과 각 자치단체의 정책 입안자 그리고 국회의원이 ACE 연구에서 명백하게 밝혀진 것들을 충분히 이해해 기존의 구조를 개선하고 새롭게 구축해나가길 바란다. 그러나 ACE 연구 지식이 연구자와 정책 결정자들만의 관심사라면 어떤 변화도 일어나지 않을 것이다. ACE가 누구나 다 아는 상식이 되어야 바뀔 수 있다. ACE 생존자와 예비군 아이들에 대한 무관심이 불식되어 그들이 살기 좋은 사회가 조성되고 또 ACE가 예방되는 사회가 되기를 소망한다. 이 책이 그러한 움직임에 작은 등불을 밝힐 수 있기를 바란다.

감사의 글

본 연구는 MEXT 과학 연구비 JP20H05805, JSPS 과학 연구비 JP21K13454의 도움을 받았다. MEXT 과학 연구비 학술 변혁 영역 연구(A) '생애학'의 일환으로 실시되어 데이터 사용은 연구 대표자의 허가를 얻었다.

2차 분석과 관련해서는 고치현으로부터 '고치현 아동의 생활 실태 조사'의 개별 정보 데이터를 제공받았다.

또 '아동기의 부정적 경험(ACE)의 영향에 관한 생활사 조사'에서 많은 이들이 인터뷰에 협력해 주었다.

이 책의 완성에 도움을 준 모든 관계자 여러분께 깊이 감사드린다.

나오며

2022년 여름, 나는 이 책의 원고를 써 내려가는 한편 매주 한 아동 식당(결식아동을 위한 식당)에 다니고 있었다. 지역 실습 담당 교사로서 학생들을 인솔하면서 나 또한 자원봉사자로 활동하고 있었다. 교회를 개방하여 운영 중인 그 아동 식당에서는 여름방학을 맞이한 초등학생들이 그 지역 어른들, 대학생들과 함께 숙제를 하거나 노는 등 활기찬 분위기였다.

이 학군에서는 정확히 일 년 전 여름(2021년 8월 1일), 초등학교 1학년 여자아이가 목숨을 잃는 슬픈 사건이 있었다.

처음에는 정글짐에서 떨어져 사망한 것으로 추정했지

만 조사가 진행되면서 열일곱 살 오빠의 폭행으로 사망했다는 점, 엄마가 수시로 집을 비워 오빠가 여동생을 돌봤다는 점, 엄마에게는 다섯 번의 결혼 이력이 있고 위법 약물을 소지하고 있었다는 것이 밝혀졌다. ACE를 겪던 한 아이는 죽고 또 다른 아이는 가해자가 되고 말았다. 당시 이 사건(오쓰초등학교 1학년 여아 폭행 사망 사건)은 전국적으로 보도되어 기억하고 있는 사람도 많을 것이다.

정글짐이 있는 공원 인근에 살던 한 부부(가정위탁 부모 10년 차)는 가까운 곳에서 일어난 이 사건에 몹시 마음 아파했다. 부부는 '우리가 할 수 있는 일이 없을까?' 하고 고민하다 앞서 말한 아동 식당을 떠올리게 되었다. 일 년 전의 슬픔과 분통함을 가슴에 품고, 지역 아이들이 안심하고 살아갈 수 있도록 아이들을 끌어안는 장소를 만들기로 한다.

나는 이 아동 식당에서 초등학교 1학년 여학생 Y를 만났다. Y 역시 부모에게 충분한 보살핌을 받지 못하고 있다는 것을 한눈에 봐도 알 수 있었다.

학교에 가지 않는 날에는 집에 혼자 있거나 형제자매와만 지내던 Y. 손을 맞잡고 집에 데려다주는 내게 Y는 "밤이 올 때까지 집에서 함께 놀아줘요. 제발요"라며 계속해서 졸라댔다. 외로움이 묻어나는 모습에 나는 아이를 끌어안을 수밖에 없었다. 이 아이가 언제라도 들를 수 있는 장소가 집에서 몇 분 거리에 생겼다는 것, 아동 식당의 어른들, 주민위원, 행정 직원, 학교 교사 등 Y를 보살피는 어른이 아이의 주변에 겹겹이 존재한다는 사실이 그나마 위안이 되었다.

눈에 보이지 않을 뿐 ACE에 노출되고 있는 아이들이 현실에 존재한다. 그 사실을 날카롭게 의식할 수밖에 없었던 여름이었다.

나는 Y와 폭행 사망 사건의 피해자인 여자아이 그리고 가해자가 된 남자아이에게 무엇을 해줄 수 있었을까? 직접적으로 지원하는 역할을 맡지 않은 나는 눈앞에 쌓여있는 일과 잡무에 시달리느라 내 아이들을 돌보기에도 벅차다……. 나의 무력감은 날로 심해진다.

하지만 나는 연구자로서, 어린 시절 부정적 경험에 노출되는 실태를 조사해서 알아보고 분명하게 밝혀진 사실들을 사람들에게 전달할 수 있다. 부정적 경험에 노출되고 있는 아이들과 과거에 노출된 ACE 생존자 어른들에게 관심이 생기고 사회적 대응책을 세워야 한다는 분위기를 형성하는 데 조금이라도 힘을 보탤 수 있기를 바라면서, 희망과 바람을 담아 이 책을 써 내려갔다.

그러나, 이 책에서 다룬 ACE라는 주제는 너무도 거대했다. 분야와 언어를 뛰어넘는 방대한 연구 축적물을 검토하고 이리저리 살피며 논의하는 작업에 힘이 부칠 때마다 몸과 마음을 추스르며 가까스로 이 책을 완성할 수 있었다.

최선을 다했지만, 빠진 논점이나 허술한 부분도 있을 것이다. 역시 한 사람의 힘만으로는 부족하다. 앞으로 다양한 지식과 경험이 있는 사람들과 더 깊은 논의를 진행하고 싶다.

독자 여러분 모두 저마다의 자리에서 'ACE 생존자가 살기 좋은 사회' 'ACE를 예방할 수 있는 사회'를 실현하기 위한 방안을 함께 고민하고 모색했으면 한다.

'ACE 입문서'라고 할 수 있는 이 책을 통해 사람들이 ACE에 관심을 기울이고, ACE를 둘러싼 소통이 시작된다면 내게 그 이상의 기쁨은 없다. 이런 관심과 논의를 통해 지금보다 더 많은 사람들이 구원받는 미래가 있다고 믿는다.

이 책을 집필하고 출판하는 과정에서 많은 이들의 도움을 받았다.

데이터 분석의 핵심이 된 2만 명을 대상으로 한 설문조사(생애학 WEB 조사)는 '생애학'이라는 연구 프로젝트의 일환으로 실시되었다. 본 프로젝트의 대표자인 교토대학의 쓰키우라 다카시(月浦崇) 교수는 넓은 아량으로 우리 연구반의 연구 활동을 지지해주었다. 또 같은 대학의 시바타 하루카(柴田悠) 교수는 연구반 대표로서 조사 설계, 조사표 작성, 조사 기업과의 연락책 등 온갖 일을 도맡아주었다. 그리고 민감한 질문이 포함된 조사표에 응답해 준 2만 명의 조사 협력자들이 있었기에 조사 연구 성과를 집대성한 이 책이 세상에 나오게 되었다. 진심으로 감사한다.

인터뷰(생활사 조사)에 협력해 준 ACE 생존자 분들은 살면서 남들에게 거의 말하지 않은 자신의 경험을 들려주고 책에 수록하는 데 허락해 주었다. 특히 B와 C는 여러 차례 연락을 주고받으며 원고를 살펴보고 당시의 심경을 들려주고 또 들려주었다. 두 분이 어렵게 털어놓은 이야기는 많은 ACE 생존자에게 살아갈 힘이 되어줄 것이다.

류코쿠대학 사회학부 마츠오카 료지(松岡亮二) 교수는 이 책의 출판과 관련해 조언을 아끼지 않았고 치쿠마쇼보 편집부에 소개해 주었다. 『교육 격차 教育格差』(2019)를 시작으로 열정적인 집필 활동으로 사회문제를 세상에 알리는 데 힘써온 마츠오카 교수의 모습에 큰 자극을 받았다.

산부인과 의사이자 연구자인 이케다 유에미(池田裕美枝), 사회학·정책론에 해박한 시바타 하루카(柴田悠) 교수는 바쁜 와중에도 이 책의 원고 전문을 검토해 주었다. 보충해야 할 지식과 논점을 알려주어 원고의 질을 높이는 데 큰 도움이 되었다.

그리고 담당 편집자인 치쿠마쇼보의 하네다 마사미(羽田雅美)는 가족 관련 도서를 담당해 온 경험에 기반해 늘 적확하고 따뜻한 피드백을 주었다. 덕분에 안심하고 마지막까지 써낼 수 있었다.

여기서 이름을 언급하지 못한 분들까지 포함해 모두에게 정말로 감사한다.

여러 연구와 실천 활동, 많은 이들의 협력 덕분에 간신히 세상에 질문을 던지는 형태로 완성된 이 책을 '아동기 부정적 경험'의 당사자에게, 또 이 문제를 어떻게든 해결하려고 분투하는 모든 이들에게 바친다.

2023년 이른 봄

미타니 하루요

참고문헌

제1장

1. Centers for Disease Control and Prevention. Behavioral Risk Factor Surveillance System ACE Data. Published 2020. Accessed October 1, 2022.
https://www.cdc.gov/violenceprevention/aces/ace-brfss.html
2. 厚生労働省「児童虐待防止対策」(2022)
https://www.mhlw.go.jp/stf/seisakunitsuite/bunya/kodomo/kodomo_kosodate/dv/index.html
3. 内閣府男女共同参画局「配偶者暴力相談支援センターにおける相談件数等」(2022)
https://www.gender.go.jp/policy/no_violence/e-vaw/data/pdf/2020soudan.pdf
4. Gelles RJ. Through a sociological lens: social structure and family violence. In: Gelles RJ, Loseke DR, eds. *Current Controversies on Family Violence*. SAGE Publications, Inc.; 1993: 31-46
5. 渡辺秀樹「家族の変容と社会化論再考」『教育社会学研究』1989 (44: 28-49)

6. 落合恵美子『21世紀家族へ—家族の戦後体制の見かた·超えかた』有斐閣 1994
7. 牧野カツコ「〈育児不安〉の概念とその影響要因についての再検討」『家庭教育研究所紀要』1988 (10: 23-31)
8. 信田さよ子『アダルト·チルドレン—自己責任の罠を抜けだし、私の人生を取り戻す』学芸みらい社 2021
9. スーザン·フォワード／玉置悟訳『毒になる親—一生苦しむ子供』講談社 2001
10. 滝川一廣「逆境がもたらすもの—心的外傷·愛着障害·逆境体験」『そだちの科学』2022 (39: 2-9)

제2장

1. Felitti VJ. Origins of the ACE Study. *Am J Prev Med*. 2019; 56 (6) : 787-789. doi:10.1016/j.amepre.2019.02.011
2. Centers for Disease Control and Prevention. About the CDC-Kaiser ACE Study. Published 2021. Accessed October 1, 2022. https://www.cdc.gov/violenceprevention/aces/about.html
3. Felitti VJ, Anda RF, Nordenberg D, et al. Relationship of childhood abuse and household dysfunction to many of the leading causes of death in adults: The Adverse Childhood Experiences (ACE) Study. *Am J Prev Med*. 1998; 14 (4): 245-258. doi:10.1016/s0749-3797 (98) 00017-8
4. Sheridan MA, McLaughlin KA. Neurodevelopmental mechanisms linking ACEs with psychopathology. In: Asmundson GJG, Afifi TO, eds. *Adverse Childhood Experiences: Using Evidence to Advance Research, Practice, Policy, and Prevention*. Academic Press; 2019: 265-285.
5. Dong M, Giles WH, Felitti VJ, et al. Insights into causal pathways for ischemic heart disease: Adverse Childhood Experiences Study. *Circulation*. 2004; 110 (13): 1761-1766. doi:10.1161/01.cir.0000143074.54995.7f

Su S, Jimenez MP, Roberts CTF, Loucks EB. The role of adverse childhood experiences in cardiovascular disease risk: A review with emphasis on plausible mechanisms. *Curr Cardiol Rep.* 2015; 17 (10): 1-10. doi:10.1007/s11886-015-0645-1

Gilbert LK, Breiding MJ, Merrick MT, et al. Childhood adversity and adult chronic disease: An update from ten states and the District of Columbia, 2010. *Am J Prev Med.* 2015; 48 (3): 345-349. doi:10.1016/j.amepre.2014.09.006

6. Gilbert LK, Breiding MJ, Merrick MT, et al. Childhood adversity and adult chronic disease: An update from ten states and the District of Columbia, 2010. *Am J Prev Med.* 2015; 48 (3): 345-349. doi:10.1016/j.amepre.2014.09.006

7. Dong M, Dube S, Felitti V, Giles WH, Anda RF. Adverse childhood experiences and self-reported liver disease: New insights into the causal pathway. *Arch Intern Med.* 2003; (163) 1949-1956. doi:10.1001/archinte.163.16.1949

8. Brown DW, Anda RF, Felitti VJ, et al. Adverse childhood experiences are associated with the risk of lung cancer: A prospective cohort study. *BMC Public Health.* 2010; 10 (1): 20. doi:10. 1186/1471-2458-10-20

9. Anda RF, Brown DW, Dube SR, Bremner JD, Felitti VJ, Giles WH. Adverse childhood experiences and chronic obstructive pulmonary disease in adults. *Am J Prev Med.* 2008; 34 (5): 396-403. doi:10.1016/j.amepre.2008.02.002

10. Gilbert LK, Breiding MJ, Merrick MT, et al. Childhood adversity and adult chronic disease: An update from ten states and the District of Columbia, 2010. *Am J Prev Med.* 2015; 48 (3): 345-349. doi:10.1016/j.amepre.2014.09.006

Huang H, Yan P, Shan Z, et al. Adverse childhood experiences and risk of type 2 diabetes: A systematic review and meta-analysis. *Metabolism.*

2015; 64 (11): 1408-1418. doi:10.1016/j.metabol.2015.08.019

11. Anda R, Tietjen G, Schulman E, Felitti V, Croft J. Adverse childhood experiences and frequent headaches in adults. *Headache J Head Face Pain*. 2010; 50 (9): 1473-1481. doi:10.1111/j.1526-4610.2010.01756.x

12. Chapman DP, Wheaton AG, Anda RF, et al. Adverse childhood experiences and sleep disturbances in adults. Sleep Med. 2011; 12 (8): 773-779. doi:10.1016/j.sleep.2011.03.013

13. Dube SR, Miller JW, Brown DW, et al. Adverse childhood experiences and the association with ever using alcohol and initiating alcohol use during adolescence. J Adolesc Heal. 2006; 38 (4): 444.e1-e10. doi:10.1016/j.jadohealth.2005.06.006

14. Anda RF, Whitfield CL, Felitti VJ, et al. Adverse childhood experiences, alcoholic parents, and later risk of alcoholism and depression. *Psychiatr Serv*. 2002; 53 (8): 1001-1009. doi:10.1176/appi.ps.53.8.1001

Merrick MT, Ports KA, Ford DC, Afifi TO, Gershoff ET, Grogan-Kaylor A. Unpacking the impact of adverse childhood experiences on adult mental health. *Child Abus Negl*. 2017; 69: 10-19. doi:10.1016/j.chiabu.2017.03.016

Bellis MA, Lowey H, Leckenby N, Hughes K, Harrison D. Adverse childhood experiences: Retrospective study to determine their impact on adult health behaviours and health outcomes in a UK population. *J Public Health* (Oxf). 2014; 36 (1): 81-91. doi:10.1093/pubmed/fdt038

15. Merrick MT, Ports KA, Ford DC, Afifi TO, Gershoff ET, Grogan-Kaylor A. Unpacking the impact of adverse childhood experiences on adult mental health. *Child Abus Negl*. 2017; 69: 10-19. doi:10.1016/j.chiabu.2017.03.016

Dube SR, Felitti VJ, Dong M, Chapman DP, Giles WH, Anda RF. Childhood abuse, neglect, and household dysfunction and the risk of illicit drug use: The Adverse Childhood Experiences Study. *Pediatrics*.

2003; 111 (3): 564-572. doi:10.1542/peds.111.3.564

16. Bellis MA, Lowey H, Leckenby N, Hughes K, Harrison D. Adverse childhood experiences: Retrospective study to determine their impact on adult health behaviours and health outcomes in a UK population. *J Public Health (Oxf)*. 2014; 36 (1): 81-91. doi:10.1093/pubmed/fdt038
Ford ES, Anda RF, Edwards VJ, et al. Adverse childhood experiences and smoking status in five states. *Prev Med (Baltim)*. 2011; 53 (3): 188-193. doi:10.1016/j.ypmed.2011.06.015

17. Bellis MA, Lowey H, Leckenby N, Hughes K, Harrison D. Adverse childhood experiences: Retrospective study to determine their impact on adult health behaviours and health outcomes in a UK population. *J Public Health (Oxf)*. 2014; 36 (1): 81-91. doi:10.1093/pubmed/fdt038

18. Hillis SD, Anda RF, Felitti VJ, Marchbanks PA. Adverse childhood experiences and sexual risk behaviors in women: A retrospective cohort study. *Fam Plann Perspect*. 2001; 33 (5): 206-211. doi:10.2307/2673783

19. Bellis MA, Lowey H, Leckenby N, Hughes K, Harrison D. Adverse childhood experiences: Retrospective study to determine their impact on adult health behaviours and health outcomes in a UK population. *J Public Health (Oxf)*. 2014; 36 (1): 81-91. doi:10.1093/pubmed/fdt038
Hillis SD, Anda RF, Dube SR, Felitti VJ, Marchbanks PA, Marks JS. The association between adverse childhood experiences and adolescent pregnancy, long-term psychosocial consequences, and fetal death. *Pediatrics*. 2004; 113 (2): 320-327. doi:10.1542/peds.113.2.320

20. Anda RF, Whitfield CL, Felitti VJ, et al. Adverse childhood experiences, alcoholic parents, and later risk of alcoholism and depression. *Psychiatr Serv*. 2002; 53 (8): 1001-1009. doi:10.1176/appi.ps.53.8.1001
Merrick MT, Ports KA, Ford DC, Afifi TO, Gershoff ET, Grogan-Kaylor A. Unpacking the impact of adverse childhood experiences on

adult mental health. *Child Abus Negl*. 2017; 69: 10-19. doi:10.1016/j.chiabu.2017.03.016
Chapman DP, Whitfield CL, Felitti VJ, Dube SR, Edwards VJ, Anda RF. Adverse childhood experiences and the risk of depressive disorders in adulthood. *J Affect Disord*. 2004; 82 (2): 217-225. doi:10.1016/j.jad.2003.12.013
21. Elmore AL, Crouch E. The association of adverse childhood experiences with anxiety and depression for children and youth, 8 to 17 years of age. *Acad Pediatr*. 2020; 20 (5): 600-608. doi:10.1016/j.acap.2020.02.012
22. Schalinski I, Teicher MH, Nischk D, Hinderer E, Müller O, Rockstroh B. Type and timing of adverse childhood experiences differentially affect severity of PTSD, dissociative and depressive symptoms in adult inpatients. *BMC Psychiatry*. 2016; 16: 295. doi:10.1186/s12888-016-1004-5
23. Merrick MT, Ports KA, Ford DC, Afifi TO, Gershoff ET, Grogan-Kaylor A. Unpacking the impact of adverse childhood experiences on adult mental health. *Child Abus Negl*. 2017; 69: 10-19. doi:10.1016/j.chiabu.2017.03.016
Dube SR, Anda RF, Felitti VJ, Chapman DP, Williamson DF, Giles WH. Childhood abuse, household dysfunction, and the risk of attempted suicide throughout the life span: Findings from the Adverse Childhood Experiences Study. *J Am Med Assoc*. 2001; 286 (24): 3089-3096. doi:10.1001/jama.286.24.3089
24. Petruccelli K, Davis J, Berman T. Adverse childhood experiences and associated health outcomes: A systematic review and meta-analysis. *Child Abus Negl*. 2019; 97: 104127. doi:10.1016/j.chiabu.2019.104127
25. Brown DW, Anda RF, Tiemeier H, et al. Adverse childhood experiences and the risk of premature mortality. *Am J Prev Med*. 2009;

37 (5) 389-396. doi:10.1016/j.amepre.2009.06.021

26. Amemiya A, Fujiwara T, Shirai K, et al. Association between adverse childhood experiences and adult diseases in older adults: A comparative cross-sectional study in Japan and Finland. *BMJ Open*. 2019; 9 (8): e024609. doi:10.1136/bmjopen-2018-024609

27. Fujiwara T, Kawakami N. Association of childhood adversities with the first onset of mental disorders in Japan: Results from the World Mental Health Japan, 2002-2004. *J Psychiatr Res*. 2011; 45 (4): 481-487. doi:10.1016/j.jpsychires.2010.08.002

28. Tani Y, Fujiwara T, Kondo K. Association between adverse childhood experiences and dementia in older Japanese adults. *JAMA Netw Open*. 2020; 3 (2): e1920740. doi:10.1001/jamanetworkopen.2019.20740

29. Amemiya A, Fujiwara T, Murayama H, Tani Y, Kondo K. Adverse childhood experiences and higher-level Functional limitations among older Japanese people: Results from the JAGES Study. *Journals Gerontol Ser A*. 2018; 73 (2): 261-266. doi:10.1093/gerona/glx097

30. Doi S, Fujiwara T. Combined effect of adverse childhood experiences and young age on self-harm ideation among postpartum women in Japan. *J Affect Disord*. 2019; 253: 410-418. doi:10.1016/j.jad.2019.04.079

31. Garner AS, Shonkoff JP, Siegel BS, et al. Early childhood adversity, toxic stress, and the role of the pediatrician: Translating developmental science into lifelong health. *Pediatrics*. 2012; 129 (1) : e224-e231. doi:10.1542/peds.2011-2662

32. 丸山総一郎編『ストレス学ハンドブック』創元社 2015
ナディン·B·ハリス／片桐恵理子訳 『小児期トラウマと闘うツール―進化·浸透するACE対策』 パンローリング 2019

33. ステファン·W·ポージェス／花丘ちぐさ訳『ポリヴェーガル理論入門―心身に変革をおこす「安全」と「絆」』春秋社 2018

34. 牟礼佳苗「ストレスのメカニズムとプロセス―生物学的側面 (1) :

生化学からの接近」『ストレス学ハンドブック』(丸山総一郎編) 創元社 2015 (15-24)

35. 秋山一文·斉藤淳「ストレスと精神障害」Dokkyo J Med Sci. 2006; 33 (3): 204-212.

36. Miller GE, Cohen S, Ritchey AK. Chronic psychological stress and the regulation of pro-inflammatory cytokines: A glucocorticoid-resistance model. *Heal Psychol*. 2002; 21 (6): 531-541. doi:10.1037/0278-6133.21.6.531

37. 安保徹『免疫革命』講談社インターナショナル 2003

38. Bierhaus A, Wolf J, Andrassy M, et al. A mechanism converting psychosocial stress into mononuclear cell activation. *Proc Natl Acad Sci U S A*. 2003; 100 (4): 1920-1925. doi:10.1073/pnas.0438019100

39. Chiang JJ, Taylor SE, Bower JE. Early adversity, neural development, and inflammation. *Dev Psychobiol*. 2015; 57 (8): 887-907. doi:10.1002/dev.21329

40. De Bellis MD, Baum AS, Birmaher B, et al. A.E. Bennett Research Award. Developmental traumatology. Part I: Biological stress systems. *Biol Psychiatry*. 1999; 45 (10): 1259-1270. doi:10.1016/s0006-3223 (99) 00044-x

41. Carrion VG, Weems CF, Ray RD, Glaser B, Hessl D, Reiss AL. Diurnal salivary cortisol in pediatric posttraumatic stress disorder. *Biol Psychiatry*. 2002; 51 (7): 575-582. doi:10.1016/s0006-3223 (01) 01310-5

42. Carlson M, Earls F. Psychological and neuroendocrinological sequelae of early social deprivation in institutionalized children in Romania. *Ann NY Acad Sci*. 1997; 807: 419-428. doi:10. 1111/j.1749-6632.1997.tb51936.x

43. Koss KJ, Mliner SB, Donzella B, Gunnar MR. Early adversity, hypocortisolism, and behavior problems at school entry: A study of internationally adopted children. *Psychoneuroendocrinology*. 2016; 66:

31-38. doi:10.1016/j.psyneuen.2015.12.018

44. Zalewski M, Lengua LJ, Kiff CJ, Fisher PA. Understanding the relation of low income to HPA-axis functioning in preschool children: Cumulative family risk and parenting as pathways to disruptions in cortisol. *Child Psychiatry Hum Dev.* 2012; 43 (6): 924-942. doi:10.1007/s10578-012-0304-3

45. Danese A, Moffitt TE, Harrington HL, et al. Adverse childhood experiences and adult risk factors for age-related disease: Depression, inflammation, and clustering of metabolic risk markers. *Arch Pediatr Adolesc Med.* 2009; 163 (12): 1135-1143. doi:10.1001/archpediatrics.2009.214

46. Danese A, Caspi A, Williams B, et al. Biological embedding of stress through inflammation processes in childhood. *Mol Psychiatry.* 2011; 16 (3): 244. doi:10.1038/mp.2010.5

47. McEwen BS, Gianaros PJ, Milliken M. Stress-and allostasis-induced brain plasticity. *Annu Rev Med.* 2011; 62: 431-445. doi:10.1146/annurev-med-052209-100430

McEwen B. Physiology and neurobiology of stress and adaptation: Central role of the brain. *Physiol Rev.* 2007; 87 (3): 873-904. doi:10.1152/physrev.00041.2006

48. Hanson JL, Chung MK, Avants BB, et al. Early stress is associated with alterations in the orbitofrontal cortex: A tensor-based morphometry investigation of brain structure and behavioral risk. *J Neurosci.* 2010; 30 (22): 7466-7472. doi:10.1523/jneurosci.0859-10.2010

49. De Bellis M, Keshavan M, Shifflett H, et al. Brain structures in pediatric maltreatment-related posttraumatic stress disorder: A sociodemographically matched study. *Biol Psychiatry.* 2002; 52 (11): 1066-1078. doi:10.1016/s0006-3223 (02) 01459-2

50. Beers SR, Bellis MD De. Neuropsychological function in children with maltreatment-related posttraumatic stress disorder. *Am J Psychiatry*. 2002; 159 (3): 483-486. doi:10.1176/appi.ajp.159.3.483

51. Mehta M, Golembo N, Nosarti C, et al. Amygdala, hippocampal and corpus callosum size following severe early institutional deprivation: The English and Romanian Adoptees Study Pilot. *J Child Psychol Psychiatry*. 2009; 50 (8): 943-951. doi:10.1111/j.1469-7610.2009.02084.x

52. Tottenham N, Hare TA, Quinn BT, et al. Prolonged institutional rearing is associated with atypically larger amygdala volume and difficulties in emotion regulation. *Dev Sci*. 2010; 13 (1): 46. doi:10.1111/j.1467-7687.2009.00852.x

53. Bremner JD, Randall P, Vermetten E, et al. Magnetic resonance imaging-based measurement of hippocampal volume in posttraumatic stress disorder related to childhood physical and sexual abuse: A preliminary report. *Biol Psychiatry*. 1997; 41 (1): 23-32. doi:10.1016/s0006-3223 (96) 00162-x

54. Teicher MH, Anderson CM, Polcari A. Childhood maltreatment is associated with reduced volume in the hippocampal subfields CA3, dentate gyrus, and subiculum. *Proc Natl Acad Sci*. 2012; 109 (9): E563-E572. doi:10.1073/pnas.1115396109

55. Rao U, Chen LA, Bidesi AS, Shad MU, Thomas MA, Hammen CL. Hippocampal changes associated with early-life adversity and vulnerability to depression. *Biol Psychiatry*. 2010; 67 (4): 357. doi:10.1016/j.biopsych.2009.10.017

56. 友田明美『子どもの脳を傷つける親たち』NHK出版 2017

57. 仲野徹『エピジェネティクス—新しい生命像をえがく』岩波書店 2014

58. Jiang S, Postovit L, Cattaneo A, Binder EB, Aitchison KJ. Epigenetic modifications in stress response genes associated with childhood trauma. *Front Psychiatry*. 2019; 10: 808. doi:10.3389/fpsyt.2019.00808

59. Labonté B, Suderman M, Maussion G, et al. Genome-wide epigenetic

regulation by early-life trauma. *Arch Gen Psychiatry*. 2012; 69 (7): 722-731. doi:10.1001/archgenpsychiatry.2011.2287

60. Suderman M, Borghol N, Pappas JJ, et al. Childhood abuse is associated with methylation of multiple loci in adult DNA. *BMC Med Genomics*. 2014; 7 (1): 13. doi:10.1186/1755-8794-7-13

61. Provençal N, Suderman MJ, Guillemin C, et al. Association of childhood chronic physical aggression with a DNA methylation signature in adult human T cells. *PLoS One*. 2014; 9 (4): e89839. doi:10.1371/journal.pone.0089839

62. Naumova OY, Lee M, Koposov R, Szyf M, Dozier M, Grigorenko EL. Differential patterns of whole-genome DNA methylation in institutionalized children and children raised by their biological parents. *Dev Psychopathol*. 2012; 24 (1): 143-155. doi:10.1017/s0954579411000605

63. Tyrka AR, Price LH, Marsit C, Walters OC, Carpenter LL. Childhood adversity and epigenetic modulation of the leukocyte glucocorticoid receptor: Preliminary findings in healthy adults. *PLoS One*. 2012; 7 (1): e30148. doi:10.1371/journal.pone.0030148

64. 伊角彩·土井理美·藤原武男「小児期逆境体験の影響に関する疫学研究」『精神医学』2019 (61 [10]: 1179-1185)

65. Shonkoff JP, Garner AS, Siegel BS, et al. The lifelong effects of early childhood adversity and toxic stress. *Pediatrics*. 2012; 129 (1): e232-e246. doi:10.1542/peds.2011-2663

66. Baglivio MT, Epps N, Swartz K, Huq MS, Sheer AJ, Hardt N. The prevalence of adverse childhood experiences (ACE) in the lives of juvenile offenders. *J Juv Justice*. 2014; 3 (2): 1-17. Accessed October 1, 2022. http://www.journalofjuvjustice.org/JOJJ0302/article01.htm

67. 友田明美『子どもの脳を傷つける親たち』NHK出版 2017

68. Merrick MT, Ports KA, Ford DC, Afifi TO, Gershoff ET, Grogan-

Kaylor A. Unpacking the impact of adverse childhood experiences on adult mental health. *Child Abus Negl*. 2017; 69: 10-19. doi:10.1016/j.chiabu.2017.03.016

제3장

1. Sansone RA, Leung JS, Wiederman MW. Five forms of childhood trauma: Relationships with employment in adulthood. *Child Abus Negl*. 2012; 36: 676-679. doi:10.1016/j.chiabu.2012.07.007

   Zielinski DS. Child maltreatment and adult socioeconomic well-being. *Child Abus Negl*. 2009; 33: 666-678. doi:10.1016/j.chiabu.2009.09.001

2. Zielinski DS. Child maltreatment and adult socioeconomic well-being. *Child Abus Negl*. 2009; 33: 666-678. doi:10.1016/j.chiabu.2009.09.001

3. Currie J, Widom CS. Long-term consequences of child abuse and neglect on adult economic well-being. *Child Maltreat*. 2010; 15 (2): 111-120. doi:10.1177/1077559509355316

4. Covey HC, Menard S, Franzese RJ. Effects of adolescent physical abuse, exposure to neighborhood violence, and witnessing parental violence on adult socioeconomic status. *Child Maltreat*. 2013; 18 (2): 85-97. doi:10.1177/1077559513477914

   Macmillan R, Hagan J. Violence in the transition to adulthood: Adolescent victimization, education, and socioeconomic attainment in later life. *J Res Adolesc*. 2004; 14 (2): 127-158. doi:10.1111/j.1532-7795.2004.01402001.x

5. Metzler M, Merrick MT, Klevens J, Ports KA, Ford DC. Adverse childhood experiences and life opportunities: Shifting the narrative. *Child Youth Serv Rev*. 2017; 72: 141-149. doi:10.1016/j.childyouth.2016.10.021

6. 三輪哲·石田浩「戦後日本の階層構造と社会移動に関する基礎分析」『2005年SSM日本調査の基礎分析—構造·趨勢·方法』(三輪哲·小林

大祐編) 2005年SSM調査研究会 2008 (73-93)
Ishida H. Long-term trends in intergenerational class mobility.『2015年SSM調査報告書3社会移動・健康』(吉田崇編) 2015年SSM調査研究会 2018 (41-64)
松岡亮二『教育格差―階層・地域・学歴』ちくま新書 2019
石田浩「世代間階層移動と教育の趨勢」『少子高齢社会の階層構造1 人生初期の階層構造』(中村高康・三輪哲・石田浩編) 東京大学出版会 2019 (19-36)
7. 阿部彩『子どもの貧困―日本の不公平を考える』岩波新書 2008
阿部彩『子どもの貧困Ⅱ―解決策を考える』岩波新書 2014
8. Shaefer HL, Lapidos A, Wilson R, Danziger S. Association of income and adversity in childhood with adult health and well-being. *Soc Serv Rev*. 2018; 92 (1): 69-92. doi:10.1086/696891
9. Pitkänen J, Remes H, Moustgaard H, Martikainen P. Parental socioeconomic resources and adverse childhood experiences as predictors of not in education, employment, or training: A Finnish register-based longitudinal study. *J Youth Stud*. 2021; 24 (1): 1-18. doi: 10.1080/13676261.2019.1679745
10. Oh DL, Jerman P, Silvério Marques S, et al. Systematic review of pediatric health outcomes associated with childhood adversity. *BMC Pediatr*. 2018; 18 (1): 83. doi:10.1186/s12887-018-1037-7
11. Monnat SM, Chandler RF. Long term physical health consequences of adverse childhood experiences. *Sociol Q*. 2015; 56 (4): 723-752. doi:10.1111/tsq.12107
12. 吉川徹『学歴分断社会』ちくま新書 2009
吉川徹『日本の分断―切り離される非大卒若者(レッグス)たち』光文社 2018
13. 三谷はるよ「子ども期の逆境体験(ACE)と自殺念慮」『自殺予防と危機介入』2022 (42 [2]: 9-13)

제4장

1. ジュディス·L·ハーマン／中井久夫訳『心的外傷と回復 増補版』みすず書房 1999

2. ベッセル·ヴァン·デア·コーク／柴田裕之訳『身体はトラウマを記録する—脳·心·体のつながりと回復のための手法』紀伊國屋書店 2016

3. 杉山登志郎『子ども虐待という第四の発達障害』学研 2007

4. Main M, Solomon J. Discovery of an insecure-disorganized/disoriented attachment pattern. In: Brazelton TB, Yogman MW, eds. *Affective Development in Infancy*. Ablex Publishing; 1986: 95-124.

5. Carlson V, Cicchetti D, Barnett D, Braunwald K. Disorganized/disoriented attachment relationships in maltreated infants. *Dev Psychol*. 1989; 25 (4): 525-531. doi:10.1037/0012-1649.25.4.525

6. 杉山登志郎『子ども虐待という第四の発達障害』学研 2007

7. 白川美也子監修『トラウマのことがわかる本—生きづらさを軽くするためにできること』講談社 2019

8. 三谷はるよ「社会的孤立に対する子ども期の不利の影響—「不利の累積仮説」の検証」『福祉社会学研究』2019 (16: 179-199) doi:10.11466/jws.16.0_179

9. Vaux A. Social Support: *Theory, Research, and Intervention*. Praeger; 1988.

浦光博『支えあう人と人—ソーシャル·サポートの社会心理学』サイエンス社 1992

10. 石田光規『孤立の社会学—無縁社会の処方箋』勁草書房 2011

11. Steele H, Bate J, Steele M, et al. Adverse childhood experiences, poverty, and parenting stress. *Can J Behav Sci*. 2016; 48 (1) : 32-38. doi:10.1037/cbs0000034

Lange BCL, Callinan LS, Smith M V. Adverse childhood experiences and their relation to parenting stress and parenting practices. *Community Ment Health J*. 2019; 55 (4): 651-662. doi:10.1007/s10597-018-0331-z

12. Chung EK, Mathew L, Rothkopf AC, Elo IT, Coyne JC, Culhane JF. Parenting attitudes and infant spanking: The influence of childhood experiences. *Pediatrics*. 2009; 124 (2): e278-e286. doi:10.1542/peds.2008-3247

Fujiwara T, Okuyama M, Izumi M. The cycle of violence: Childhood abuse history, domestic violence and child maltreatment among Japanese mothers. 2010; 53: 211-224. doi:10.2117/ psysoc.2010.211

13. Mitani H. Effects of maternal adverse childhood experiences on parental maltreatment of children: An empirical study of mediating factors among Japanese mothers. *Child Fam Soc Work*. 2022; 27 (3): 422-434. doi:10.1111/cfs.12893

14. 高知県地域福祉部児童家庭課「高知県子どもの生活実態調査報告書」2019

15. Madigan S, Wade M, Plamondon A, Maguire JL, Jenkins JM. Maternal adverse childhood experience and infant health: Biomedical and psychosocial risks as intermediary mechanisms. *J Pediatr*. 2017; 187: 282-289.e1. doi:10.1016/j.jpeds.2017.04.052

16. McDonnell CG, Valentino K. Intergenerational effects of childhood trauma: Evaluating pathways among maternal ACEs, perinatal depressive symptoms, and infant outcomes. *Child Maltreat*. 2016; 21 (4): 317-326. doi:10.1177/1077559516659556

McDonald SW, Madigan S, Racine N, Benzies K, Tomfohr L, Tough S. Maternal adverse childhood experiences, mental health, and child behaviour at age 3: The all our families community cohort study. *Prev Med (Baltim)*. 2019; 118: 286-294. doi:10.1016/j.ypmed.2018.11.013

Cooke JE, Racine N, Plamondon A, Tough S, Madigan S. Maternal adverse childhood experiences, attachment style, and mental health: Pathways of transmission to child behavior problems. *Child Abus Negl*. 2019; 93: 27-37. doi:10.1016/j.chiabu.2019.04.011

Hetherington E, Racine N, Madigan S, McDonald S, Tough S. Relative contribution of maternal adverse childhood experiences to understanding children's externalizing and internalizing behaviours at age 5: Findings from the All Our Families cohort. *Can Med Assoc J Open*. 2020; 8 (2): E352-E359. doi:10.9778/cmajo.20190149

17. Folger AT, Eismann EA, Stephenson NB, et al. Parental adverse childhood experiences and offspring development at 2 Years of Age. *Pediatrics*. 2018; 141 (4): e20172826. doi:10.1542/peds.2017-2826
Racine N, Plamondon A, Madigan S, McDonald S, Tough S. Maternal adverse childhood experiences and infant development. *Pediatrics*. 2018; 141 (4): e20172495. doi:10.1542/peds.2017-2495

18. Lê-Scherban F, Wang X, Kathryn HBS, Pachter LM. Intergenerational associations of parent adverse childhood experiences and child health outcomes. *Pediatrics*. 2018; 141 (6): e20174274. doi:10.1542/peds.2017-4274

19. Schickedanz A, Halfon N, Sastry N, Chung PJ. Parents' adverse childhood experiences and their children's behavioral health problems. *Pediatrics*. 2018; 142 (2): e20180023. doi:10.1542/peds.2018-0023

20. Doi S, Fujiwara T, Isumi A. Association between maternal adverse childhood experiences and mental health problems in offspring: An intergenerational study. *Dev Psychopathol*. 2021; 33 (3): 1041-1058. doi:10.1017/s0954579420000334

21. Doi S, Fujiwara T, Isumi A. Association between maternal adverse childhood experiences and child s self-rated academic performance: Results from the K-CHILD study. *Child Abus Negl*. 2020; 104: 104478. doi:10.1016/j.chiabu.2020.104478

22. Doi S, Isumi A, Fujiwara T. Association between maternal adverse childhood experiences and child resilience and self-esteem: Results from the K-CHILD study. *Child Abus Negl*. 2022; 127: 105590. doi:10.

1016/j.chiabu.2022.105590

23. Sandman CA, Davis EP, Buss C, Glynn LM. Prenatal programming of human neurological function. *Int J Pept*. 2011; 2011: 837596. doi:10.1155/2011/837596

제5장

1. American Psychological Association. APA Dictionary of Psychology. Accessed October 1, 2022. https://dictionary.apa.org/resilience
2. スティーブン·M·サウスウィック、デニス·S·チャーニー／森下愛訳、西大輔·森下博文監訳『レジリエンス—人生の危機を乗り越えるための科学と10の処方箋』岩崎学術出版社 2015
3. スティーブン·M·サウスウィック、デニス·S·チャーニー／森下愛訳、西大輔·森下博文監訳『レジリエンス—人生の危機を乗り越えるための科学と10の処方箋』岩崎学術出版社 2015
4. Luthar SS, Crossman EJ, Small PJ. Resilience and adversity. In: Lamb ME, Lerner RM, eds. *Handbook of Child Psychology and Developmental Science: Socioemotional Processes*. John Wiley & Sons, Inc.; 2015: 247-286.
5. Luthar SS. Resilience in development: A synthesis of research across five decades. In: Cicchetti D, Cohen DJ, eds. *Developmental Psychopathology: Risk, Disorder, and Adaptation*. John Wiley & Sons, Inc.; 2006: 739-795.
6. Masten AS, Best KM, Garmezy N. Resilience and development: Contributions from the study of children who overcome adversity. *Dev Psychopathol*. 1990; 2 (4) 425-444. doi:10.1017/s0954579400005812
7. Edwards EP, Eiden RD, Leonard KE. Behavior problems in 18- to 36-month-old children of alcoholic fathers: Secure mother-infant attachment as a protective factor. *Dev Psychopathol*. 2006; 18 (2): 395-407. doi:10.1017/s0954579406060214

8. Coley RL, Lewin-Bizan S, Carrano J. Does early paternal parenting promote low-income children's long-term cognitive skills? *J Fam Issues*. 2011; 32 (11): 1522-1542. doi:10.1177/0192513x11402175
9. Zolkoski SM. The importance of teacher-student relationships for students with emotional and behavioral disorders. *Prev Sch Fail Altern Educ Child Youth*. 2019; 63 (3): 236-241. doi:10.1080/1045988x.2019.1579165
10. Kotchick BA, Dorsey S, Heller L. Predictors of parenting among African American single mothers: Personal and contextual factors. *J Marriage Fam*. 2005; 67 (2): 448-460. doi:10.1111/j.0022-2445.2005.00127.x
11. Luthar SS, Suchman NE, Altomare M. Relational psychotherapy mothers' group: A randomized clinical trial for substance abusing mothers. *Dev Psychopathol*. 2007; 19 (1): 243-261 doi:10.1017/s0954579407070137
12. Valdez CR, Mills CL, Barrueco S, Leis J, Riley AW. A pilot study of a family-focused intervention for children and families affected by maternal depression. *J Fam Ther*. 2011; 33 (1): 3-19. doi:10.1111/j.1467-6427.2010.00529.x
13. Masten AS, Hubbard JJ, Gest SD, Tellegen A, Garmezy N, Ramirez M. Competence in the context of adversity: Pathways to resilience and maladaptation from childhood to late adolescence. *Dev Psychopathol*. 1999; 11 (1): 143-169. doi:10.1017/s0954579499001996
14. Lawler MJ, Shaver PR, Goodman GS. Toward relationship-based child welfare services. *Child Youth Serv Rev*. 2011; 33 (3): 473-480. doi:10.1016/j.childyouth.2010.06.018
15. Barnett MA, Scaramella LV, Neppl TK, Ontai LL, Conger RD. Grandmother involvement as a protective factor for early childhood social adjustment. *J Fam Psychol*. 2010; 24 (5): 635-645. doi:10.1037/

a0020829

16. Vandell DL, Belsky J, Burchinal M, Steinberg L, Vandergrift N. Do effects of early child care extend to age 15 years? Results from the NICHD study of early child care and youth development. *Child Dev*. 2010; 81 (3): 737-756. doi:10.1111/j.1467-8624.2010.01431.x

17. Lansford JE, Criss MM, Pettit GS, Dodge KA, Bates JE. Friendship quality, peer group affiliation, and peer antisocial behavior as moderators of the link between negative parenting and adolescent externalizing behavior. *J Res Adolesc*. 2003; 13 (2): 161-184. doi:10.1111/1532-7795.1302002

18. Bradshaw CP, Waasdorp TE, Leaf PJ. Effects of school-wide positive behavioral interventions and supports on child behavior problems. *Pediatrics*. 2012; 130 (5): e1136-e1145. doi:10.1542/peds.2012-0243

19. Urban JB, Lewin-Bizan S, Lerner RM. The role of neighborhood ecological assets and activity involvement in youth developmental outcomes: Differential impacts of asset poor and asset rich neighborhoods. *J Appl Dev Psychol*. 2009; 30 (5): 601-614. doi:10.1016/j.appdev.2009.07.003

20. Kurlychek MC, Krohn MD, Dong B, Hall GP, Lizotte AJ. Protection from risk: An Exploration of when and how neighborhood-level factors can reduce violent youth outcomes. *Youth Violence Juv Justice*. 2012; 10 (1): 83-106. doi:10.1177/1541204011422088

21. Sampson RJ, Laub JH, Wimer C. Does marriage reduce crime? A counterfactual approach to within-individual causal effects. *Criminology*. 2006; 44 (3): 465-508. doi:10.1111/j.1745-9125.2006.00055.x

22. Desrosiers A, Miller L. Relational spirituality and depression in adolescent girls. *J Clin Psychol*. 2007; 63 (10): 1021-1037. doi:10.1002/jclp.20409

23. Heinicke CM, Fineman NR, Ponce VA, Guthrie D. Relation-based

intervention with at-risk mothers: Outcome in the second year of life. *Infant Ment Health J*. 2001; 22 (4): 431-462. doi:10.1002/imhj.1010

24. Luthar SS, Crossman EJ, Small PJ. Resilience and adversity. In: Lamb ME, Lerner RM, eds. *Handbook of Child Psychology and Developmental Science: Socioemotional Processes*. John Wiley & Sons, Inc.; 2015: 247-286.

25. Oshri A, Duprey EK, Liu S, Gonzalez A. ACEs and resilience: Methodological and conceptual issues. In: Asmundson GJG, Afifi TO, eds. *Adverse Childhood Experiences: Using Evidence to Advance Research, Practice, Policy, and Prevention*. Academic Press; 2020: 287-306.

26. Bethell C, Jones J, Gombojav N, Linkenbach J, Sege R. Positive childhood experiences and adult mental and relational health in a statewide sample : Associations across adverse childhood experiences levels. *JAMA Pediatr*. 2019; 173 (11): e193007. doi:10.1001/jamapediatrics.2019.3007

27. Kotchick BA, Dorsey S, Heller L. Predictors of parenting among African American single mothers: Personal and contextual factors. *J Marriage Fam*. 2005; 67 (2): 448-460. doi:10.1111/j.0022-2445.2005. 00127.x

28. 三谷はるよ「育児期の孤独感を軽減するサポート・ネットワークとは」『家族社会学研究』2020 (32 [1]: 7-19) doi:10.4234/jjoffamilysociology.32.7

29. 岩佐一·権藤恭之·増井幸恵「日本語版「ソーシャル·サポート尺度」の信頼性ならびに妥当性—中高年 者を対象とした検討」『厚生の指標』2007 (54 [6]: 26-33)

제6장

1. Luthar SS, Lyman EL, Crossman EJ. Resilience and positive psychology. In: Lewis M, Rudolph K, eds. Handbook of Developmental Psychopathology. Springer US; 2014 : 125-140.

2. 西澤哲『子ども虐待』講談社 2010

3. Luthar SS, Crossman EJ, Small PJ. Resilience and adversity. In: Lamb ME, Lerner RM, eds. *Handbook of Child Psychology and Developmental Science*: Socioemotional Processes. John Wiley & Sons, Inc.; 2015: 247-286.

제7장

1. National Center for Injury Prevention and Control, Centers for Disease Control and Prevention. *Adverse Childhood Experiences Prevention Strategy*. 2021.

2. National Center for Injury Prevention and Control, Centers for Disease Control and Prevention. *Preventing Adverse Childhood Experiences: Leveraging the Best Available Evidence*. 2019.

3. Scribano P V. Prevention strategies in child maltreatment. *Curr Opin Pediatr*. 2010 ; 22 5 : 616-620. doi:10.1097/mop.0b013e32833e1688

4. Health Resources and Services Administration. FY 2021 Maternal, Infant, and Early Childhood Home Visiting Awards. Published 2022. Accessed October 1, 2022.

5. Olds DL. The nurse-family partnership: An evidence-based preventive intervention. Infant Ment Health J. 2006; 27 (1): 5-25. doi:10.1002/imhj.20077

6. Olds DL. Long-term effects of home visitation on maternal life course and child abuse and neglect: Fifteen-year follow-up of a randomized trial. *JAMA*. 1997; 278 (8): 637-643. doi:10.1001/jama.1997.03550080047038

7. Karoly LA, Greenwood PW, Sohler Everingham SM, et al. *Investing in Our Children: What We Know and Don't Know About the Costs and Benefits of Early Childhood Interventions*. RAND Corporation; 1998.

8. National Center for Injury Prevention and Control, Division of Violence Prevention. Learning from Washington's Adverse Childhood

Experiences (ACE) Story. Accessed October 1, 2022. https://www.cdc.gov/violenceprevention/aces/resources.html

9. ナディン·B·ハリス、片桐恵理子訳『小児期トラウマと闘うツール―進化·浸透するACE対策』パンローリング 2019

10. World Health Organization. Adverse Childhood Experiences International Questionnaire (ACE-IQ). Published 2020. Accessed October 1, 2022. https://www.who.int/publications/m/item/adverse-childhood-experiences-international-questionnaire-(ace-iq)

11. Afifi TO. Considerations for expanding the definition of ACEs. In: Asmundson GJG, Afifi TO, eds. *Adverse Childhood Experiences: Using Evidence to Advance Research, Practice, Policy, and Prevention*. Academic Press; 2019: 35-44.

12. 川野雅資『トラウマ·インフォームドケア』精神看護出版 2018

13. 野坂祐子『トラウマインフォームドケア― "問題行動"を捉えなおす援助の視点』日本評論社 2019

14. Substance Abuse and Mental Health Services Administration. *SAMHSA's Concept of Trauma and Guidance for a Trauma-Informed Approach*. HHS Publication No. (SMA) 14-4884; 2014.

15. Morrissey JP, Jackson EW, Ellis AR, Amaro H, Brown VB, Najavits LM. Twelve-month outcomes of trauma-informed interventions for women with co-occurring disorders. *Psychiatr Serv*. 2005; 56 (10): 1213-1222. doi:10.1176/appi.ps.56.10.1213

16. The National Child Traumatic Stress Network. NETWORK MEMBERS: The National Child Traumatic Stress Network. Accessed October 1, 2022. https://www.nctsn.org/about-us/network-members

17. 西澤哲·西岡加名恵監修、小野太恵子·木村幹彦·塩見貴志編『「『生きる』教育」―自己肯定感を育み、自分と相手を大切にする方法を学ぶ』(第1巻)、日本標準 2022

18. 一般社団法人TICC「TICCこころのケガを癒やすコミュニティ事業」2021

年公表、2022年10月1日アクセス https://www.jtraumainformed-tic.com/
19. JST・RISTEXプロジェクト事務局「視点を変えよう! 困った人は、困っている人」2021年公表、2022年10月1日アクセス https://www.jst.go.jp/ristex/pp/information/uploads/ooka_trauma.pdf
20. Piotrowski CC. ACEs and trauma-informed care. In: Asmundson GJG, Afifi TO, eds. *Adverse Childhood Experiences: Using Evidence to Advance Research, Practice, Policy, and Prevention*. Academic Press; 2019: 307-328.
21. 野坂祐子『トラウマインフォームドケア— "問題行動"を捉えなおす援助の視点』日本評論社 2019
亀岡智美『子ども虐待とトラウマケア— 再トラウマ化を防ぐトラウマインフォームドケア』金剛出版 2020
22. 野坂祐子『トラウマインフォームドケア— "問題行動"を捉えなおす援助の視点』日本評論社 2019
23. 杉山登志郎『発達性トラウマ障害と複雑性PTSDの治療』誠信書房 2019
24. Walkley M, Cox TL. Building trauma-informed schools and communities. *Child Sch*. 2013; 35 (2): 123-126. doi:10.1093/cs/cdt007
25. 文部科学省総合教育政策局男女共同参画共生社会学習・安全課「性犯罪・性暴力対策の強化について」2022年10月1日アクセス https://www.mext.go.jp/a_menu/danjo/anzen/index.htmlQ&A
26. 文部科学省初等中等教育局児童生徒課「スクールソーシャルワーカー活用事業に関するQ&A」2021年公表、2022年10月1日アクセス https://www.mext.go.jp/content/20220203-mxt_jidou02-000008592-2.pdf
27. 山野則子『学校プラットフォーム—教育・福祉、そして地域の協働で子どもの貧困に立ち向かう』有斐閣 2018
28. 厚生労働省初等中等教育局児童生徒課「令和2年度スクールソーシャルワーカー実践活動事例集」2021年公表、2022年10月1日アクセス https://www.mext.go.jp/a_menu/shotou/seitoshidou/mext_00002.html
29. 厚生労働省政策統括官付参事官付行政報告統計室「令和2年度福祉行

政報告例の概況」2021年公表、2022年10月1日アクセス https://www.mhlw.go.jp/toukei/saikin/hw/gyousei/20/index.html
30. 山野良一「児童相談所は、いま」『子どものための児童相談所―児童虐待と子どもへの政治の無関心を超えて』(浅井春夫編) 自治体研究社 2021 (15-51)
31. 厚生労働省「児童相談所関連データ」2022年10月1日アクセス https://www.mhlw.go.jp/content/11900000/000825846.pdf
32. 厚生労働省政策統括官付参事官付行政報告統計室「令和2年度福祉行政報告例の概況」2021年公表、2022年10月1日アクセス https://www.mhlw.go.jp/toukei/saikin/hw/gyousei/20/index.html
33. 厚生労働省子ども家庭局「市町村(虐待対応担当窓口等)の状況調査(令和2年度調査)」2022年10月1日アクセス https://www.mhlw.go.jp/stf/seisakunitsuite/bunya/0000160367_00004.html
34. 上野加代子『虐待リスク―構築される子育て標準家族』生活書院 2022
35. 厚生労働省「令和4年6月に成立した改正児童福祉法について」2022年公表、2022年10月1日アクセス https://www.mhlw.go.jp/stf/seisakunitsuite/bunya/kodomo/kodomo_kosodate/jidouhukushihou_kaisei.html
36. 厚生労働省子ども家庭局「市町村(虐待対応担当窓口等) の状況調査 (令和2年度調査)」2022年10月1日アクセス https://www.mhlw.go.jp/stf/seisakunitsuite/bunya/0000160367_00004.html

옮긴이 **명다인**

중앙대학교에서 무역학과 일본어문학을 전공했다. 무역회사에서 수출입과 통번역 업무를 담당하며, 책 번역의 꿈을 키웠다. 현재 번역 에이전시 엔터스코리아 출판기획자 및 일본어 전문 번역가로 활동하고 있다. 역서로 『자본주의 사회에서 남성으로 산다는 것』 『말 잘하는 초등교사의 특급 비밀』 『일 잘하는 사람이 반드시 쓰는 글 습관』 『어린 시절의 부모를 이해하는가』 『인상의 심리학』 『내가 바퀴벌레를 오해했습니다』가 있다.

아동기 부정적 경험, ACE 생존자와 회복탄력성

트라우마 사회심리학

1판 1쇄 발행 2024년 5월 5일

지은이 미타니 하루요
옮긴이 명다인
펴낸이 백지선
마케팅 용상철
인쇄 도담프린팅

펴낸곳 또다른우주
등록 제2021-000141호(2021년 5월 17일)
전화 02-332-2837
팩스 0303-3444-0330
이메일 anotheruzu@naver.com
블로그 blog.naver.com/anotheruzu

ISBN 979-11-93281-08-6 03300